DEBUT D'UNE SERIE DE DOCUMENTS
EN COULEUR

H. DE VAUJANY

RECHERCHES

SUR LES

ANCIENS MONUMENTS

SITUÉS SUR

LE GRAND-PORT D'ALEXANDRIE

Phare des Ptolémées — Cæsareum
Temple de Neptune — Palais Royaux — Museum
Tombeau d'Alexandre, etc.

ET

LA TOUR DITE DES ROMAINS

Avec un plan comparatif du Grand Port
au temps des Ptolémées et à l'époque actuelle

ALEXANDRIE	PARIS
PENASSON	
Imprimeur-Éditeur	25, Quai Voltaire

1888.

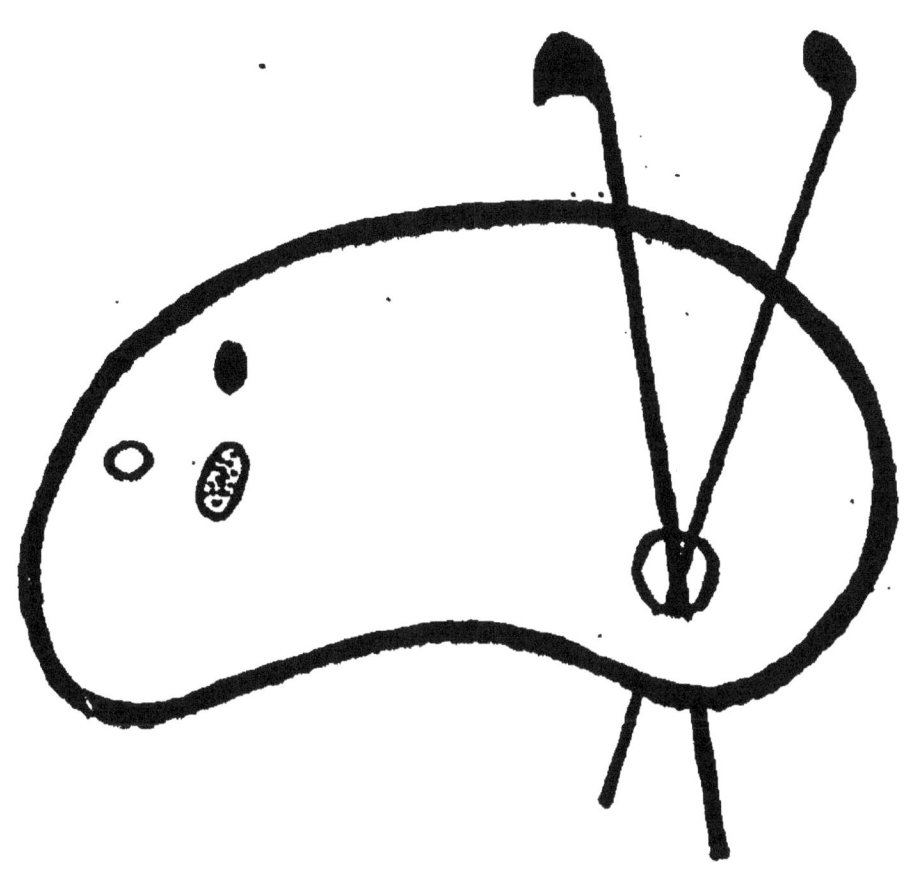

FIN D'UNE SERIE DE DOCUMENTS
EN COULEUR

RECHERCHES
SUR LES
ANCIENS MONUMENTS
SITUÉS SUR
LE GRAND-PORT D'ALEXANDRIE

Du même Auteur :

Histoire de l'Égypte depuis les temps les plus reculés jusqu'à nos jours. — Le Caire, J. Serrière ; Paris, Maisonneuve.

Géographie de l'Égypte. — Le Caire, A. Mourés.

Description de l'Égypte, 2 vol. :

Le Caire et ses Environs, caractères, mœurs et coutumes des Égyptiens modernes. — Paris, Plon, Nourrit et Cie ;

Alexandrie et la Basse-Égypte. — Paris, Plon, Nourrit et Cie.

Échos d'Orient, poésies. — Le Caire, A. Mourés.

Vocabulaire Français-Arabe. — Le Caire, A. Mourés ; Paris, Maisonneuve.

En préparation :

Voyage au pays des Caïques, description de Constantinople — Itinéraire historique et archéologique de Stamboul. — Le Bosphore et les Îles des Princes.

Nouvelles et Légendes des Pays du Soleil.

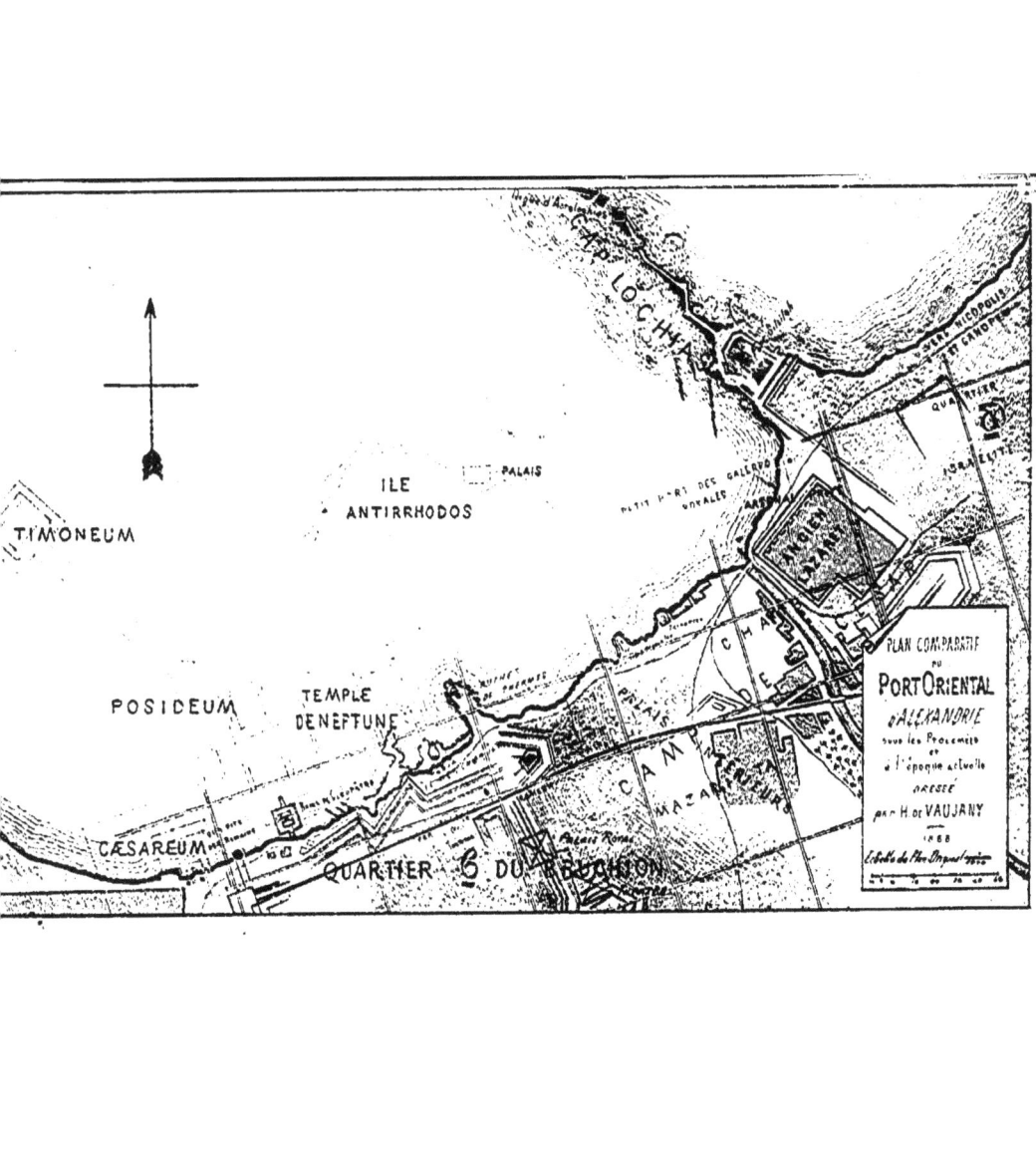

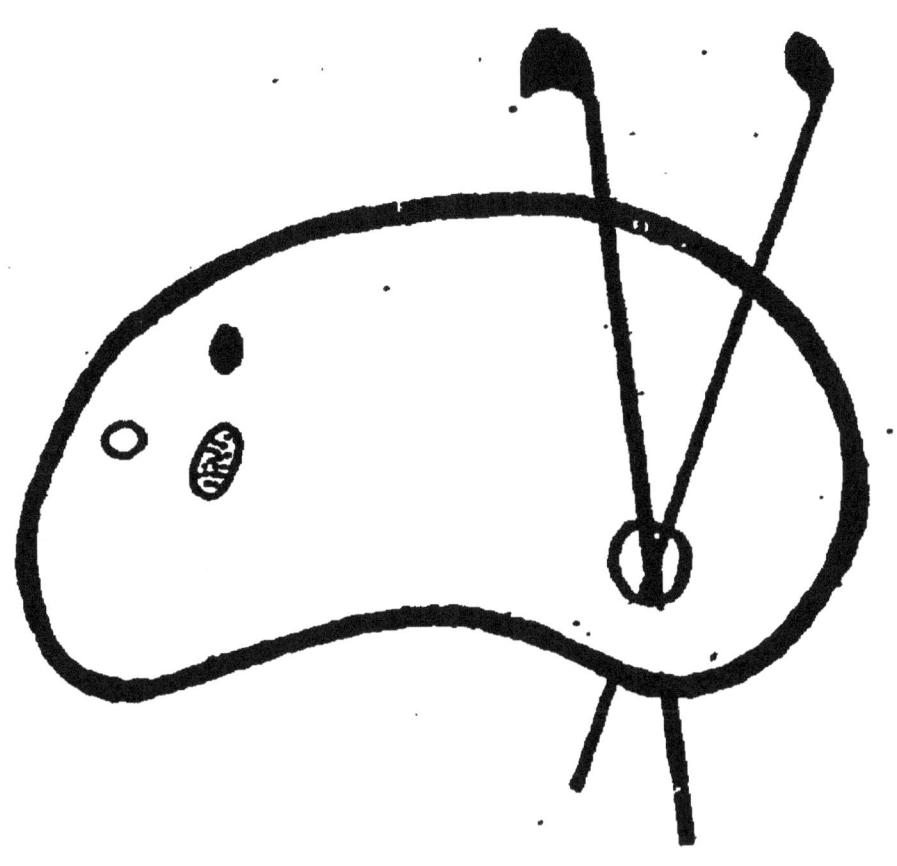

ORIGINAL EN COULEUR
NF Z 43-120-8

H. DE VAUJANY

RECHERCHES
SUR LES
ANCIENS MONUMENTS,
SITUÉS SUR
LE GRAND-PORT D'ALEXANDRIE

Phare des Ptolémées — Cæsareum
Temple de Neptune — Palais Royaux — Museum
Tombeau d'Alexandre, etc.

ET

LA TOUR DITE DES ROMAINS

Avec un plan comparatif du Grand Port
au temps des Ptolémées et à l'époque actuelle.

ALEXANDRIE
V. PENASSON
Imprimeur-Éditeur

PARIS
MAISONNEUVE Frs & Cie
25, Quai Voltaire

1888.

A SON EXCELLENCE

RIAZ - PACHA

MINISTRE DE L'INTÉRIEUR

ET DES FINANCES

PRÉSIDENT DU CONSEIL

RECHERCHES
SUR LES
ANCIENS MONUMENTS
SITUÉS SUR
LE GRAND-PORT D'ALEXANDRIE

LE PHARE.

Les monuments de l'antique Alexandrie sont représentés par les contemporains, comme le type de la plus parfaite harmonie d'une architecture unique dans son genre, née sous le premier des Ptolémées, et disparue avec le dernier. L'art grec mêlé au style égyptien, avait enfanté un art nouveau dans lequel le marbre et le granit avaient revêtu les formes les plus gracieuses, les plus hardies, et qui produisit, pendant trois siècles seulement, des monuments incomparables dans leur structure et d'une beauté sans rivale. Chacun des rois Lagides avait tenu à honneur d'augmenter le nombre des palais d'Alexandrie, autant qu'à protéger son Académie dont les trésors de science faisaient de la nouvelle capitale de l'Egypte, la capitale du monde.

Presque tous ces palais étaient groupés dans le quartier du « Bruchion », qui s'étendait des rives du « Grand-Port » au centre de la ville, c'est-à-dire à la rue actuelle de la Porte-Rosette. De ces édifices merveilleux, le souvenir seul nous en a été transmis par quelques historiens. Les guerres de César et des premiers empereurs romains ont amené leur destruction, et leurs ruines confondues sont restées enfouies sous les décombres qui peu à peu ont formé un terrain nouveau. Les vestiges que l'on trouve aujourd'hui en creusant des tranchées de quatre à sept mètres, c'est-à-dire à une profondeur qui permet d'atteindre le sol primitif, donnent une idée de la magnificence des monuments que possédait jadis cette ville qui avait dépouillé l'Egypte pour en accumuler les richesses artistiques.

Le plus étonnant des édifices d'Alexandrie était le *Phare* élevé sur l'extrémité orientale de l'ancienne ile « Pharos », qui avait été reliée à la ville par une chaussée que sa longueur de sept stades fit nommer « Heptastadion »; cette jetée aboutissait vers le milieu de l'ile, et séparait la rade en deux parties dont l'une au S.-O., fut le port d' « Eunostos » et l'autre, au N.-E., le « Grand-Port »; à

l'entrée de ce dernier se dressait le Phare, sur l'emplacement duquel le sultan Qaït-Bây construisit au XV⁰ siècle, la lourde forteresse carrée que nous voyons aujourd'hui, et qui de loin semble sortir du sein des eaux. En parlant du Phare, Strabon s'exprime ainsi : « Le promontoire oriental de Pharos
« est un vaste rocher entouré par la mer de tous
« côtés, comme les récifs qui l'avoisinent. Il est
« surmonté d'une haute tour en marbre blanc, ad-
« mirablement construite, qui porte le même nom
« que l'île, et au sommet de laquelle on place un
« signal afin que les navigateurs ne puissent man-
« quer l'entrée du port, car dans ces parages la côte
« est basse et dangereuse, à cause des bancs de sa-
« ble et des récifs. » On voit par ce passage que l'emplacement de l'ancien Phare est nettement déterminé.

Cet admirable monument, mis au troisième rang parmi les merveilles du monde, fut commencé sous le règne du premier Ptolémée, et achevé par son successeur Philadelphe. Il était élevé de plusieurs étages qui se rétrécissaient progressivement et autour desquels régnait une galerie soutenue par des colonnes, ou prise sur la maçonnerie inférieure. Sur une des faces le nom de l'architecte était rappelé dans cette épigraphe dédicatoire : *Sostrate de Cnide, fils de Dexiphane, aux dieux protecteurs, favorables aux navigateurs.* Le sommet de l'édifice, à quatre cents pieds au-dessus du sol, portait la nuit des feux de bois que l'on apercevait à trois cents stades en mer; le jour, la fumée servait de signal.

Le Phare d'Alexandrie servit de type à plusieurs autres tours du même genre mais de dimensions moins considérables. Pline cite, comme les ayant vues, celles de Caprée, de Pouzzoles, de Ravenne, et plusieurs sur le Bosphore de Thrace. Suétone dit positivement que l'empereur Claude fit construire le phare d'Ostie « sur le modèle de celui d'Alexandrie ». Malheureusement nous n'avons pas de description plus détaillée du premier que du second; le phare des Ptolémées figure cependant sur plusieurs médailles, dont une existe dans la précieuse collection de M. Rogers-Bey au Caire, mais la confusion des traits ne donne qu'une idée très imparfaite de l'édifice.

Makrizy, écrivain arabe, s'exprime ainsi dans sa « *Géographie de l'Égypte* » : « Le temps, les
« tremblements de terre, les pluies ont détérioré
« le Phare, et ont réduit sa hauteur à environ deux
« cent trente coudées. Sa construction a trois
« formes: elle est carrée jusqu'à un peu moins de
« la moitié et un peu plus du tiers, ce qui fait cent
« dix coudées à peu près ; là les murs sont en
« pierres blanches. Ensuite la forme devient octo-
« gone, et il est alors construit en pierre et en
« plâtre sur une élévation de soixante et quelques
« coudées; un balcon l'entoure et sert à s'y prome-
« ner. Enfin la partie supérieure est ronde. Un
« voyageur dit l'avoir mesuré, et donne exactement

« 121 coudées et demie pour la base, 81 et demie
« pour le premier étage, et 31 et demie pour la
« partie supérieure » (1).

Il est difficile de suivre sans interruption et sans incertitude les traces de l'existence de ce grand monument pendant la suite des temps. Ce qui est certain, c'est que le Phare était encore debout à la fin du treizième siècle, mais au quinzième il avait disparu. A cette époque le sultan mamelouk Qaït-Bây fit abattre ce qu'il en restait et construisit sur ses ruines un château-fort composé d'une enceinte crénelée renfermant une tour carrée flanquée de quatre tourelles, et dont la plateforme était occupée par un donjon où l'on allumait des feux la nuit.

Au commencement de ce siècle, le fort du Phare contenait beaucoup de débris appartenant à l'ancienne tour des Ptolémées: des bassins de marbre, des tombeaux, des fûts de colonnes en granit,

---

(1) Ces différentes mesures en coudées, bien que ne concordant pas exactement entre elles, établissent suffisamment les proportions du Phare pour en donner une idée, et correspondent à la hauteur d'environ 400 pieds, « sommet de l'édifice qui portait la nuit des feux de bois, etc. ». En effet, le pied romain étant de 0.295, et la coudée égyptienne de 0.524, les 234 coudées et demie, total des trois parties mesurées par le voyageur dont parle Makrizy, équivalent par conséquent à $0.524 : 0.295 = 1.777 \times 234.50 = 416.716$, c'est-à-dire 416 pieds et demi. Les 230 coudées de Makrizy font 408 pieds et demi; on voit donc que la hauteur du Phare n'était guère réduite au temps où parle cet écrivain, puisque les chiffres de 413 ou de 408 restent toujours dans les termes qu'on peut évaluer à *environ* 400 pieds, comme il est dit plus haut.

des chapiteaux, etc., que l'on voit encore aujourd'hui pour la plupart. On y trouva de longues couleuvrines en batterie depuis des siècles, des boulets de pierre, des morceaux d'affûts et de canons rongés par le vert-de-gris, épars çà et là dans les fossés. On voyait aussi dans quelques salles de belles mosaïques, des restes d'armures dont l'origine était peut-être antérieure à l'hégire, des casques, des arbalètes, des flèches et de grands sabres. Dans les chambres élevées de la tour qui avait remplacé l'ancien fanal, existaient des monceaux d'épées, quelques haches d'arme presque entièrement rongées par la rouille, et dont la forme, les ornements faisaient assez connaitre qu'elles remontaient aux Croisades. Les soldats de Bonaparte restaurèrent la place et en firent une citadelle défendue par trois lignes de remparts tout en lui conservant son cachet original. Sous Mohamed-Ali, Galice Bey apporta quelques modifications aux travaux précédents; enfin depuis les journées de Juillet 1882, lors du bombardement d'Alexandrie, le château-fort est abandonné comme tous les autres ouvrages de défense qui protégeaient la côte.

On reconnait, dans cette vieille forteresse, et malgré ses réparations successives, de beaux restes qui caractérisent l'époque où elle fut élevée. La partie carrée, au centre, est la plus intéressante à visiter; la petite mosquée qui s'y trouve, bien qu'effondrée, présente encore de curieux détails; on y montre plusieurs ex-voto rappelant de lointaines expéditions. Dans les murailles ou dans l'encadrement des portes, de magnifiques pièces de granit ont été employées; des colonnes entières se voient enfoncées dans la maçonnerie, et des chapiteaux de marbre, des fragments de corniches saillissent des parois ou s'aperçoivent derrière les inégalités du crépissage. A l'extérieur, lorsque la mer est tranquille, on distingue sur les récifs plus ou moins submergés, des blocs de marbre, des piliers en granit, des pans de murs en briques durcis par l'action des eaux, et d'autres morceaux de granit employés, avec des tronçons de colonnes, pour servir de brise-lames au fort ou à la jetée qui y conduit; tous ces vestiges ont certainement fait partie de l'ancien Phare, le seul édifice, du reste, élevé en cet endroit dans les temps anciens, et qui est enseveli aujourd'hui sous les flots; des quartiers de maçonnerie noyés dans les ondes, quelques restes d'architecture mêlés aux récifs et aux murailles du fort, sont les seuls témoins qui rappellent encore l'époque ptolémaïque sur ce rivage désolé.

LE CÆSAREUM.

Suivant Strabon et d'autres auteurs du premier siècle avant et après J.-C., au pied de l'Heptastade étaient les chantiers de la marine, puis on rencontrait successivement sur le rivage du Grand-Port: les *Apostases* ou entrepôts de marchandises, l'*Emporium* ou la Bourse, le *Cæsareum*, le *Posideum*, le *Théâtre*, le *Palais Royal*, les *Palais intérieurs* avec leurs jardins splendides qui s'étendaient jusqu'au *Port privé des Rois* au pied du cap *Lochias*, sur lequel s'élevait un *palais et d'autres édifices*. Ce promontoire se terminait par des rochers qui fermaient le port en s'avançant comme une digue jusqu'à proximité du Phare. L'extrémité sud-est de l'Heptastade était défendue par un château-fort dont la place est marquée aujourd'hui par le mamelon appelé " Kom-en-Nadoûr "; les Apostases, l'Emporium, aujourd'hui en pleine ville, se dirigeaient vers les bâtiments actuels de l'hôtel Abbat, de la Bourse Khédiviale et de l'église Copte.

En parlant du Cæsareum, Philon d'Alexandrie en donne la description suivante: « Nul sanctuaire « au monde n'est comparable au Cæsareum ou « Sebasteum, temple commémoratif du lieu de

« l'embarquement de César (Auguste). Ce temple,
« très grand et très apparent, s'élève majestueu-
« sement en face des ports les plus sûrs; il est
« rempli d'ornements dédiés: tableaux, statuettes,
« objets d'or et d'argent; il est entouré d'un enclos
« très large, et pourvu de portiques, de bibliothèques,
« d'appartements d'hommes, de bois sacrés, de
« propylées, de lieux vastes et de salles à ciel ou-
« vert, en un mot de tous les embellissements les
« plus somptueux. Il est l'espoir du salut pour ceux
« qui s'embarquent ici, et pour ceux qui y arrivent
« de retour de leur voyage ». Pline et d'autres
écrivains ajoutent que « deux obélisques enlevés
« aux temples égyptiens ornaient l'entrée de ce
« monument ». Un de ces obélisques se voyait
encore en 1879 sur le rivage près de la gare du
chemin de fer de Ramleh; sa hauteur était de vingt
et un mètres. Quelques années auparavant, un second obélisque était renversé à côté de celui resté
debout. Ces monolithes en granit rose, arrachés
au temple d'Héliopolis, portaient les cartouches de
Thoutmès III et de Ramsès II; on les appelait les
aiguilles de Cléopâtre. L'un a été transporté à
Londres, l'autre à New-York. Ainsi exilés, ces
précieux monuments ne sont plus que des objets de
curiosité puérile, ou de vanité plus puérile encore,
et sont loin de produire l'effet de ceux qu'on voit
en place au lieu même où les érigèrent, dans un
sentiment élevé, des hommes disparus de la terre
depuis tant de siècles.

Le Cæsareum, dont la position est déterminée par les obélisques, se trouvait donc à l'extrémité du boulevard actuel de Ramleh, près de la gare, du côté de la mer. C'était un temple ou un palais fondé par Cléopâtre en l'honneur de César, et achevé sous le règne de Tibère. En 362, étant devenu église chrétienne, il fut détruit par les soldats de Julien l'Apostat; mais rebâti deux ans plus tard par l'empereur Valens, il continua d'être consacré au culte catholique suivant le rite grec ou jacobite. A l'arrivée des Arabes, le Cæsareum était aux mains des Coptes; les patriarches grecs tentèrent de se l'approprier en 718, mais ne purent y parvenir que neuf ans plus tard sous le gouvernement tyrannique de Hendatah-ebn-Safouân. Brûlé en partie l'an 874, le patriarche copte Mikhaïl utilisa l'« Ayasma », c'est-à-dire la partie du temple où était la fontaine sacrée (et qui sans doute avait été épargnée par les flammes) pour en faire une chapelle qui disparut en 912. Avec elle s'écroulèrent les derniers restes du Cæsareum, à quelques pas de la tour qu'un gouverneur de l'Egypte, Ahmed-ebn-Touloun, venait de faire construire sur ses ruines avec ses propres débris, pour défendre l'angle nord-ouest des nouveaux remparts.

Le Cæsareum s'étendait du côté de la mer; les sondages que nous avons faits récemment, et les restes de fortes murailles en calcaire et en grès que nous avons reconnues à une profondeur de trois à quatres mètres sous l'eau, ne laissent aucun doute sur la disposition du monument. Des matériaux dont plusieurs sont marqués d'ornements grecs et romains existent encore sur la côte; des blocs de granit lisses ou creusés de profonds hiéroglyphes, des fûts de colonnes, des chapiteaux, des socles entiers, des fragments de corniches en marbre blanc, épars le long du rivage, mêlés aux décombres ou aux restes de murailles submergées, puis les soubassements d'un mur de trois mètres et demi de largeur, se dirigeant vers le sud-est, trouvés en creusant les fondations d'une maison voisine, attestent qu'un grand monument s'élevait autrefois en cet endroit; or, d'après les indications précises des historiens du temps, ce monument ne peut être que le Cæsareum dont la position est nettement déterminée, sans erreur possible, puisque les obélisques dressés à l'entrée étaient encore en place il y a très peu d'années. La façade principale de l'édifice était du côté de la ville, c'est-à-dire au sud-est. Sur le devant (à l'extrémité du boulevard actuel de Ramleh), s'étendait une vaste cour entourée d'une galerie couverte soutenue par des colonnes, place devenue tristement célèbre à l'époque de l'édit de Théodose, en 389: c'est là que tombèrent les derniers philosophes d'Alexandrie persécutés par Saint Cyrille, et avec eux la fille de Théon arrachée de son char et mise en lambeaux par la foule fanatique.

Il est à remarquer que c'est dans le voisinage de l'emplacement des obélisques, que les blocs de granit rose gravés d'hiéroglyphes se trouvent en plus grande quantité. Ces précieuses reliques, aujourd'hui enfouies sous le sol ou cachées par les eaux, remontent incontestablement à l'origine même du Cæsareum. Les chapiteaux, les colonnes de marbre, les débris d'entablement, sont de l'époque où ce monument a été réédifié et consacré au culte chrétien. Sur quelques fragments que nous avons trouvés, on reconnaît des traces de croix grecques accompagnées de lettres qu'il est facile de reconstituer ainsi : IC. XC. NIKA ; c'est le « Jesus Christus vincit » devise du « labarum » de Constantin-le-Grand. Cette inscription indique par conséquent une date postérieure à l'an 312.

Le Cæsareum (Sebasteum, temple du dieu César Sebastos, suivant ses diverses dénominations) commence la série des édifices publics, des palais royaux qui s'élevaient sur les rives du Grand-Port alors limité par un mur de quai dont nous avons retrouvé les vestiges sous l'eau, à cent vingt mètres environ de la route actuelle, près de la Tour d'Ahmed-ebn-Touloun appelée communément, et par erreur, « Tour des Romains ». Les derniers débris des monuments de la côte sont enfouis jusqu'à quatre mètres sous les sables du rivage ou mêlés aux décombres de la falaise ; une partie de leurs fondements, aujourd'hui plus ou moins submergés, sont encore reconnaissables quand la mer est calme. Tout ce qui a pu être utilisé parmi ces ruines a servi pour d'autres constructions ; mais dans les espaces carrés ou rectangulaires qui existent entre les restes de murailles, on trouve les objets les plus disparates : tronçons de colonnes en granit et en marbre blanc, ces dernières unies, striées ou rudentées ; chapiteaux corinthiens et byzantins délicatement ciselés ; morceaux d'architraves à denticules, à triglyphes, à oves et rinceaux appartenant à tous les ordres; fragments de statues ; panneaux à moulures saillantes encadrant quelque inscription mutilée ; débris d'ustensiles en terre cuite de toute forme, portant encore les marques de l'action du feu, et jusqu'à des amulettes en diorite gravées de croix, que l'on ne trouve que dans les hypogées, dont aucun cependant n'existait aussi près du rivage sur cette partie du littoral; mais on peut admettre ici la présence de ces objets funéraires, en se rappelant qu'à l'époque des persécutions, les chrétiens avaient utilisé ce qui restait des édifices abandonnés pour y cacher les ossements des martyrs, et aussi pour les soustraire au décret d'Arcadius qui, d'après les conseils de Jean Chrysostôme, ordonnait aux chrétiens d'Alexandrie et du reste de l'Egypte, d'envoyer les momies et les squelettes des saints à Constantinople, pour être ensuite distribués dans les divers pays où l'on pratiquait le culte du Christ.

TEMPLE DE NEPTUNE.
TIMONEUM.

En quittant l'emplacement du Cæsareum et en longeant le rivage au pied de la falaise, on trouve encore debout, sur quatre à cinq mètres de hauteur, des massifs de maçonnerie en pierres nummulites et briques reliées par un mortier rougeâtre très dur; ce sont des pans de mur enduits d'une forte couche de ciment, paraissant avoir appartenu à des citernes; on y remarque des trous pratiqués dans les parois et disposés en échelons pour permettre de descendre à l'intérieur. Au-dessus de ces ruines, en partie cachées par les remblais du quai des nouveaux bains de Cléopâtre, on a trouvé des restes de réservoirs pour les eaux de pluie, munis de plusieurs conduits se dirigeant vers un même point du rivage, et dont les ouvertures apparaissent dans l'escarpement de la falaise rocailleuse taillée à pic, dans laquelle on a découvert plusieurs chambres isolées en briques et ciment.

On continue, toujours vers le N.E., à marcher le long du rivage assez malaisé à suivre. Aux cailloux et aux poteries brisées dont le sol est couvert, sont mêlés des éclats de marbre et de granit transformés en galets, et divers fragments d'architecture grecque et romaine dont les arêtes sont émoussées et les ornements à demi rongés par l'action de l'eau. Les parties basses d'anciennes murailles commencent à s'apercevoir très distinctement d'abord à fleur d'eau, puis s'enfoncent de plus en plus à mesure qu'elles avancent dans la mer en se dirigeant vers l'Ouest; elles ont 2 m. 80 de largeur, et sont composées de deux rangées de blocs calcaires taillés à angles droits. Quelques pas plus loin d'autres lignes de murailles, disposées comme les précédentes, paraissent s'y raccorder par une longue maçonnerie en ligne droite que nous avons reconnue à 4 m. et à 4 m. et demi dans l'eau, à environ 80 m. du rivage. Entre ces murs de fondation nous avons trouvé deux fragments de petites statues égyptiennes en basalte, l'une représentant la déesse "Pascht" à tête de chatte, l'autre "Isis" coiffée du signe hiéroglyphique qui représente son nom, puis une quantité de débris de colonnes en granit et en marbre (la plupart de ces dernières striées), des chapiteaux corinthiens, des frises, des corniches dont plusieurs à denticules sont en grès, derniers souvenirs de monuments disparus; malheureusement les faibles traces qu'ils ont laissées, n'offrent pas d'indices assez certains pour faire reconnaitre quelle était leur destination.

Toute la côte jusqu'aux limites de la ville ancienne, c'est-à-dire au delà du monticule où est le tombeau du cheikh Chatby, est entièrement formée de pierrailles, de décombres de toute sorte mélangés aux sables. Elle est escarpée, difficile à gravir, taillée à pic en quelques endroits, et partout très friable; sans cesse minée par les vagues, il s'en détache de temps en temps de petites portions contenant diverses matières bien vite désagrégées par l'eau; les gravois, les sables, pour ainsi dire fondus et entraînés par les remous, laissent sur le rivage de curieux fragments de poteries, des briques calcinées, des objets vitrifiés, etc. Si l'on fouille cette côte, même bien au delà du chemin de fer, on trouve des épaves remontant aux époques pharaonique, grecque et romaine confondues pêle-mêle lors du dernier bouleversement qui a amené, dans la seconde moitié du IIIe siècle, la ruine de tout le quartier nord-est de la ville.

A 300 mètres de l'emplacement du Cæsareum on rencontre des récifs avancés dans la mer; ce sont les restes informes de constructions qui ont acquis, avec le temps, une grande consistance à cause du sable qui les a recouverts, joint à la nature de leur composition et aux effets de l'eau salée. Cette langue de rocher se continue dans la mer, et se termine par un gros mur que l'on peut suivre à 1 m. 50 ou 1 m. 70 dans l'eau en marchant vers le Nord, et qui aboutit à un petit amas de ruines très peu submergées, et limitées par une muraille qui se dirige de l'Est à l'Ouest. Entre ces récifs et le petit promontoire où s'élève une tour arabe, sorte de redoute faisant partie du fort qui protégeait la côte, on remarque d'autres vestiges de constructions qui s'avancent à 30 m. dans la mer. Suivant Strabon, tout ce petit coin du rivage formait autrefois la pointe du *Posideum* sur laquelle s'élevait le *Temple de Neptune* qui lui donnait son nom. A l'extrémité de cette saillie, Antoine avait fait établir une chaussée « qui se prolongeait « jusqu'au milieu du port, et au bout de laquelle il « s'était fait bâtir un palais, qu'après la défaite « d'Actium il nomma *Timoneum*, parce qu'alors il « avait résolu d'y passer ses jours en menant la vie « solitaire du misanthrope Timon ». Cette chaussée que l'on retrouve sous l'eau à une profondeur moyenne de 4 mètres, se dirige en plein N.-O. et se termine par un large massif couvert de ruines; la grande profondeur ne permet pas de distinguer la forme de ces débris, mais avec une sonde munie d'une matière molle, nous avons eu l'empreinte de pierres taillées à angles droits, et d'autres arrondies; c'est ainsi que nous avons reconnu des colonnes mêlées aux fondations du monument auquel elles ont appartenu.

Aucun endroit du rivage ne peut mieux répondre aux indications des auteurs anciens: « le *Posideum* ou *Temple de Neptune* était situé près du *Palais Royal*, immédiatement après le Cæsareum »; or nous savons d'après les Commentaires de César sur la guerre civile d'Alexandrie, que « le *Palais* « *Royal* communiquait avec le *Théâtre* servant de « citadelle, placé sur un monticule qui dominait la

« côte ». Ce monticule, le seul du reste existant sur tout le littoral de l'ancien port, est occupé par le fort abandonné, coupé par la ligne du chemin de fer de Ramleh. L'emplacement du Posideum paraît donc clairement indiqué. Nous avons découvert en cet endroit d'énormes pierres taillées, toute sorte de débris en granit et en marbre, comme on en rencontre sur tout le rivage submergé. Les masses de pierres, les tronçons de colonnes en granit d'à peu près un mètre de diamètre (autant que nous avons pu nous en rendre compte en les mesurant à 2 mètres sous l'eau), suffisent pour donner une idée de l'importance de plusieurs monuments qui existaient à cette place. Par un temps calme on aperçoit de longues et épaisses murailles se profilant en lignes indécises, jusqu'à la hauteur du petit promontoire voisin.

Telle qu'elle apparait aujourd'hui, cette pointe de la côte est composée d'un massif de maçonnerie, en briques principalement, percé de tuyaux en terre cuite dont l'ouverture est cachée par les gravois provenant des murs écroulés et des voûtes effondrées. Les Arabes ont tiré parti de ce monceau de ruines en y établissant une redoute communiquant avec le fort dont les glacis longent le rivage. La plate-forme qui recouvre en partie ces ruines, mesure 29 mètres de longueur en saillie dans la mer, sur 15 mètres de largeur; à l'angle ouest s'élève une tour percée d'une double rangée d'étroites meurtrières, et dont la base plongée dans la mer est protégée par des quartiers de murailles qui émergent à plusieurs mètres de hauteur, contre lesquels les lames viennent se briser. Des trois côtés de ce promontoire, se sont détachés d'énormes blocs de maçonnerie en briques et ciment épais, qui paraissent se rapporter plutôt à l'époque romaine qu'à l'époque grecque, si l'on examine de près le genre de construction et le plein cintre des ouvertures murées dans les massifs renversés, encore fermes au milieu des eaux.

L'examen de ces ruines fait reconnaître qu'elles ont appartenu à des thermes: les voûtes de plusieurs fours, les briques qui portent encore les traces du feu, les conduits en terre cuite, les restes d'un couloir vertical aux parois percées de trous pour descendre dans les parties basses, puis diverses particularités observées dans la disposition du bâtiment, font reconnaître que des bains existaient en cet endroit. Mais de quel monument ces bains faisaient-ils partie? se rattachaient-ils à quelque édifice public, au Palais Royal ou au Temple de Neptune par exemple; cette dernière supposition n'a rien d'extraordinaire, d'après ce que nous savons sur les villes anciennes qui possédaient des thermes non-seulement attenant aux palais, mais encore aux édifices religieux. Peut-on admettre l'hypothèse d'un établissement thermal isolé sur cette partie de la côte? il faudrait alors supposer qu'il a été construit après que ce quartier fut en partie dévasté par César, et peut-être après sa destruction sous Aurélien.

Ce promontoire formé par les ruines des thermes consolidées par les murailles croulantes du bastion moderne, est la partie du rivage antique qui a le mieux résisté à la corrosion de la côte; les rochers de la petite île d'Antirrhodos, aujourd'hui submergée, l'ont protégée longtemps contre la violence des coups de mer. En avant des blocs de maçonnerie écroulée au pied de la tour arabe, quelques traces de constructions informes se rencontrent au fond de l'eau sur une quarantaine de mètres. Dans la direction du N.-O. les murailles de l'ancien quai décrivent un angle saillant d'environ 140 degrés, et se rattachent au quai du Posideum en formant un angle rentrant de même grandeur. Le long de la ligne de maçonnerie commune à ces deux angles, nous avons trouvé un amas de colonnes et quelques fragments de statues égyptiennes en basalte; il est à remarquer que ces fragments ont été mutilés à dessein, comme si l'on s'était attaché à rendre impossible la réunion des diverses parties du sujet, si jamais on avait tenté de les rassembler.

Nulle inscription, à part quelques stèles votives ou dédicatoires, n'a été trouvée jusqu'à ce jour, dans la falaise ou sous les eaux, pour révéler quelques particularités touchant les anciens édifices de ce quartier. Les sondages que nous avons faits nous ont permis de suivre les murs de quai du Posideum, et de la jetée qui s'éloigne de son extrémité au nord-ouest. Cette partie du rivage étant ainsi parfaitement reconnue, les ruines submergées et les débris épars, ensevelis dans les décombres de la falaise, depuis les premiers récifs que nous avons signalés à 300 mètres du Cæsareum jusqu'au bastion placé entre la mer et le chemin de fer, appartiennent donc au Temple de Neptune et à d'autres édifices sur lesquels aucune donnée n'existe encore; le second bastion et la partie des glacis du côté de la mer, marquent l'emplacement du Théâtre et du Palais Royal.

Les difficultés que l'on éprouve à faire des recherches sous l'eau, ne permettent pas d'explorer entièrement les ruines submergées qui jonchent le rivage depuis le Cæsareum jusqu'au promontoire des thermes dont nous avons parlé; chaque édifice renversé a mêlé ses débris à ceux du monument qui lui était voisin, et la plus grande partie de leurs matériaux confondus, ont servi plus tard à d'autres constructions; il ne reste, pour ainsi dire, que les fondements de ces temples, de ces palais, encadrant des tronçons de colonnes et d'autres débris d'architecture jugés inutiles à être employés ailleurs; c'est à ces vestiges qu'il faut demander les pièces, les indices qui permettraient peut-être de reconnaitre la destination primitive de ces monuments, tâche difficile à cause du peu de détails et souvent du défaut de précision que l'on remarque dans les écrits des contemporains, et aussi du manque d'inscriptions gravées, d'attributs, d'emblèmes, de sujets allégoriques quelconques, qui aideraient à établir l'identité des édifices où ces particularités se rencontreraient. Au milieu des soubassements du Cæsareum, deux ou trois stèles et d'autres documents trouvés sur place, ont permis d'en fixer exactement la situation; le Timoneum, par sa position isolée dans la mer, est également déterminé, mais il n'en est pas de même du temple de Neptune: sa place sur le promontoire du Posideum (dénomination tirée d'un des surnoms grecs du dieu), est un fait reconnu, mais elle n'est pas fixée d'une manière positive, comme par exemple dans les deux monuments précédents, et il a été jusqu'à présent impossible d'en indiquer la position exacte parmi toutes les ruines répandues sur cette partie de l'ancien port. En divers endroits de la falaise on a trouvé des fragments d'inscriptions sur des tables de calcaire ou de marbre brisées, il est à supposer que d'autres inscriptions existent dans les parages submergés du rivage grec; moins exposées aux bouleversements qui ont dénaturé la côte, elles sont sans doute mieux conservées; mais les travaux que nécessitent ces recherches sont lents et pénibles à exécuter sous l'eau, et, à moins de reconstituer une partie de l'ancien quai et de s'en servir comme d'une digue pour isoler cette partie du rivage en mettant les bas-fonds à sec, il sera toujours impossible d'assigner à chaque groupe de ruines la destination qui lui était propre, à moins que le hasard ne fasse découvrir quelques documents qui permettent de conduire sûrement les travaux de sondage.

EMPLACEMENT DES PALAIS INTÉRIEURS.

On continue à suivre le bord de la mer en descendant par une ouverture provenant de l'effondrement d'une voûte qui se trouve sur le promontoire des thermes, à droite, un peu en dehors des traces du mur qui entourait la plate-forme ; on sort de ce passage étroit en s'aidant des éboulis pour franchir à pied sec un petit coin à angle droit, reste de la muraille moderne en pierres taillées servant d'escarpe au fort qui est au-dessus. La côte continue sèche, aride, décharnée, entaillée de crevasses profondes ; çà et là saillissent des pans de maçonnerie en briques, des portions de voûtes, des conduites en pierre et ciment, dont l'ouverture carrée est obstruée par les décombres. Sur le sol humide que l'on parcourt, on rencontre des morceaux de granit, des fragments de marbre et de calcaire taillés, égarés sur les bas-fonds, ou perdus au milieu des débris de poteries et des cailloux de toute nature tombés du talus abrupt, continuellement miné par les vagues.

Après avoir franchi la rigole formée par l'égout de l'hôpital, on est en présence d'un massif de maçonnerie en briques et mortier mêlé aux restes du mur arabe qui continuait à longer le rivage jusqu'à l'ancien cap Lochias; ce sont des voûtes en calotte qui se détachent peu à peu par morceaux; plusieurs quartiers éboulés gisent sur le sable; d'autres parties ont été démolies ou perdues dans les terrassements exécutés sous Mohammed-Ali pour la défense de la côte; mais ce qu'il en reste, et la présence d'un petit aqueduc en briques, dont l'ouverture rectangulaire est tout près des parties voûtées, indiquent suffisamment que là encore existaient des thermes qui probablement se rattachaient à ceux dont les ruines se voient quelques mètres plus loin, et que l'on atteint après avoir dépassé un magnifique fût de colonne en granit renversé sur la grève, contre lequel les lames viennent se heurter avant de s'amincir sur le sable.

Ces ruines sont, sinon les plus importantes, du moins les plus belles de toute la côte de l'ancien port. Derrière le mur qui intercepte brusquement le chemin frayé par le remous des vagues, est une longue salle autrefois voûtée qui s'avance dans la mer sur une trentaine de mètres de longueur; sa largeur est de 3^m 15 sur 2^m 10 de hauteur, mesurée à la naissance de la voûte dont il reste encore des fragments. La maçonnerie est en briques et en mortier d'un grain rougeâtre; les parois sont protégées par un enduit épais, très dur, imperméable, et le sol recouvert d'une sorte de béton en cailloutis de briques très compact. Le mur extérieur, c'est-à dire le premier placé en travers du rivage, est percé de petits trous ronds qui devaient communiquer avec les salles adjacentes; il est composé de petites pierres calcaires empâtées dans d'épaisses couches de mortier; la partie la plus avancée dans la mer est écroulée, à partir d'une petite porte cintrée encore reconnaissable, mais la portion reliée à la falaise est restée debout sur une longueur de 13^m.

Pour pénétrer dans cette première salle, il faut se laisser glisser le long du mur qui s'appuie à la côte, ou mieux s'aider des blocs de maçonnerie à demi submergés à l'extrémité opposée. On se trouve alors en face d'un second mur en briques et mortier parallèle au précédent et mesurant le double de longueur; on y remarque des ouvertures en plein cintre murées, et un contrefort faisant saillie à l'intérieur. Le fond de la salle porte la trace de deux voûtes jumelles, ménagées sous la voûte principale, qui devaient reposer sur un rang de colonnes et former, sur une certaine longueur, une chambre particulière, ce qu'il est permis de supposer étant donnée la disposition de la construction.

Deux autres salles sont contiguës et parallèles à la première; celle du milieu, la plus étroite, est encore conservée dans la partie qui touche à la côte, derrière un mur de refend très épais; traversé sous un cintre à gauche, par un tuyau en terre cuite, et percé au niveau du sol, d'une petite porte cintrée de 0^m 54 de largeur sur 0^m 90 de hauteur. C'est dans cette ouverture, rétrécie encore par l'amoncellement des sables, qu'il faut s'engager en s'aidant des mains et des genoux, pour pénétrer dans une chambre encore intacte mesurant 6 m. 43 sur 2 m. 65. Cette partie, la plus intéressante du monument, est composée de deux petites voûtes latérales (comme celles dont il reste la marque dans la pièce précédente), reposant sur trois colonnettes en marbre blanc, et recouvertes d'un fort enduit de ciment qui s'étend sur toutes les murailles. Des traces de réparation sont visibles en plusieurs endroits, et principalement sur les minces chapiteaux des colonnettes. Une communication avec les salles supérieures était établie au moyen d'un trou rond percé dans la voûte, près d'un angle à droite de l'entrée, et fermé par une sorte de bouchon en pierre.

La troisième salle, toujours sur le même plan parallèle, a 3^m 25 de largeur; l'entrée est indiquée par une porte cintrée de 2^m 52 de hauteur sur 1^m 40; le seuil est creusé d'une rigole pour l'écoulement des eaux. A gauche, dans la maçonnerie, se voit un arc en briques que l'on prendrait d'abord pour le cintre d'un passage muré; mais il est facile de reconnaître qu'aucune porte n'a existé en cet endroit, et que cette courbure en briques n'a été exécutée que pour alléger la maçonnerie, ou peut-être aussi en vue d'y pratiquer plus tard une ouverture. Un détail à observer est que le sommier qui soutient l'arceau d'entrée est formé d'un seul bloc taillé de cette même pierre mummulite lenticulaire dont se compose la Tour dite des Romains, sur l'emplacement du Cæsareum. Comme dans les salles précédentes, la partie donnant sur la mer est totalement détruite; ce qu'il en reste sous la falaise, est obstrué par des monceaux de décombres; les voûtes sont effondrées et menacent de s'écrouler complètement à la moindre pression, ou si l'on essayait de contourner, en les forçant, les blocs de maçonnerie détachés qui ne tiennent plus que par un miracle d'équilibre. Il serait imprudent de pénétrer trop avant en cet endroit sans risquer d'être enseveli sous les masses que les gravois et les sables accumulés retiennent à peine; cette partie devait être la plus vaste du monument, à en juger par ce que l'œil peut découvrir en s'avançant avec beaucoup de précaution.

Les salles que nous venons de décrire communiquaient entre elles par des portes dont une existe encore; les parties basses donnant sur la mer contiennent quelques conduits d'écoulement sortant des bancs de maçonnerie submergés, et d'un mur mitoyen d'une épaisseur considérable. Ces thermes ne s'avançaient pas dans la mer au-delà des ruines que l'on aperçoit distinctement sous l'eau; mais ils s'étendaient le long du rivage; les vestiges de fondations que l'on rencontre jusqu'aux réservoirs des tanneries du voisinage, témoignent de l'importance que devait avoir jadis ce vaste établissement.

A 350 mètres environ dans l'intérieur du port, vers le N.-O., se voyait jadis le palais royal de l'*île d'Antirrhodos*, mentionné par Strabon et Pline. Nous avons retrouvé cette ile à plus de 3 mètres sous l'eau ; c'est un rocher étroit en ligne courbe dont les deux extrémités, tournées vers la côte, formaient un abri pour le mouillage des vaisseaux. Quelques grosses pierres de taille alignées régulièrement, se rencontrent sur toute la surface de ce rocher et principalement sur la partie orientale. De ce côté, dans la mer, à 5 et 7 mètres de profondeur, sont de belles colonnes mêlées aux murailles écroulées qui vraisemblablement ont appartenu au palais qui dominait l'ilot.

Les réservoirs des tanneries ferment encore une fois le chemin du rivage, et l'on est obligé de les contourner ainsi que les baraques et hangars qui leur sont contigus. En regagnant le bord de la mer, on se trouve au milieu d'une vaste dépression de terrain dont le fond est marqué par un large fossé où, pendant la crue du Nil, les eaux amenées au pied des fortifications par les anciens conduits souterrains, s'écoulent et séjournent avant de se déverser dans la mer, par une vanne ménagée à l'angle du pont-barrage établi sur la côte. Au temps de l'ancienne Alexandrie, cet endroit formait une sorte de bassin marécageux peu profond qui s'étendait jusqu'à la voie Canopique (devant la porte actuelle de Rosette, en arabe "Bab-ech-Charqi", porte de l'Est) où le sol était plus élevé ; ce bassin séparait ainsi le quartier du Bruchion de celui de l'Hippodrome ; ensuite reprenant son niveau, il continuait en s'élargissant jusqu'au Canal pour aller rejoindre les terres basses du faubourg d'Éleusis, aujourd'hui El-Hadra.

Toute la partie de ce bas-fond voisine de la mer, et le versant septentrional de la colline du Théâtre étaient occupés par les *Palais Intérieurs* qui s'étendaient jusqu'au pied du cap Lochias, près du palais dont la place est occupée aujourd'hui par le fort Silsileh; le reste du terrain jusqu'à la place du Gymnase, arrosé par les eaux, contenait de magnifiques jardins. Ces palais intérieurs et leurs dépendances étaient plutôt de superbes villas, des "lieux de plaisance" comme dit Strabon, dont chacun des Ptolémées avait augmenté le nombre :
« ... Jaloux d'embellir à son tour de quelque nou-
« vel ornement les édifices publics, il ne l'était pas
« moins d'ajouter aux palais royaux, quelque
« construction à celles qui existaient déjà; en sorte
« qu'on pourrait dire de ces palais qu'ils sortent
« les uns des autres; en effet tous ces monuments
« situés sur le port, et même ceux qui s'étendent
« au-delà sont contigus entre eux ». Ce quartier, malgré qu'il ait été maintes fois bouleversé, conserve encore de faibles traces des édifices qu'il possédait. Depuis les deux bastions reliés par la courtine dans laquelle est pratiquée la tranchée du chemin de fer, jusqu'au fossé du village de Chatby, qui marque la partie la plus enfoncée du vallon, on trouve des colonnes, des blocs de granit rectilignes, unis ou à listeaux, des morceaux détachés taillés

en forme de vasque ou de piédestal, épars sur le sable ou mêlés aux décombres et aux pierrailles qui recouvrent des restes de sépultures byzantines souterraines qui, après avoir été forcées par les Arabes espérant y découvrir des trésors, ont servi pendant longtemps d'habitations à des familles de pêcheurs et de contrebandiers.

Sur le versant de l'ancienne colline du Théâtre, au sud et au sud-est, entre les remparts arabes et la rue de la Porte-Rosette, existent également de magnifiques débris d'anciens palais. En creusant le sol à une profondeur de 4 à 5 mètres, quelquefois moins, on trouve, entre autres morceaux d'antiquité, de grandes colonnes renversées avec d'immenses chapiteaux corinthiens en basalte, formés de deux parties superposées, parfaitement raccordées, de manière à présenter l'aspect d'un monolithe lorsqu'ils étaient en place. De plus grandes recherches feraient très probablement découvrir en cet endroit les ruines du *Théâtre*. Les parties basses de plusieurs salles ont été découvertes en creusant les fondations des maisons de ce quartier; et dans les terrains pierreux où végètent quelques palmiers, nous avons trouvé, près de fort belles citernes, des blocs de granit, des fragments de statues d'hommes et d'animaux, en porphyre, marbre blanc et calcaire, ainsi que la partie inférieure d'un obélisque enfoncé dans les décombres, que le propriétaire du terrain ne nous a pas laissé le temps de reconnaitre entièrement.

A une centaine de mètres en haut des tanneries, nous avons fait des excavations dans la direction du S.-E. et de l'E.-S.-E., qui ont eu pour principal résultat la découverte de plusieurs colonnes en granit rose, lisses à leur partie inférieure puis ornées de grosses baguettes en saillie — sorte de rudentures d'un genre particulier à l'Egypte, que l'on rencontre rarement à Alexandrie, — et de chapiteaux mutilés, à feuilles de lotus et de papyrus enlacées d'autres plantes aquatiques à tiges triangulaires. — Il est à remarquer que l'on retrouve ces mêmes chapiteaux dans le Grand Temple d'Edfou (Haute-Egypte) fondé par Ptolémée III sur les ruines d'un ancien sanctuaire, en 237 avant J.-C., et continué par ses successeurs. — Ces débris faisaient partie des palais intérieurs; tout ce que nous avons trouvé en creusant le sol de 4 à 7 mètres de profondeur, c'est-à-dire jusqu'à peu près au niveau de la mer, est de l'époque gréco-égyptienne, à l'exception de plusieurs morceaux de porphyre, autre rareté en Egypte, sur un desquels, fragment d'une statue, on reconnaît la saillie du genou gauche et les plis du vêtement. Les frais considérables que nécessitent de pareils travaux, ne nous ont pas permis de continuer nos recherches plus avant; mais nous sommes convaincus que de plus grandes fouilles bien dirigées, exécutées du littoral au-delà du premier rempart arabe parallèle à la rue Bab-ech-Charqi, surtout dans certains endroits que nous avons reconnus, conduiraient à d'intéressantes découvertes.

CAMP DE CÉSAR.

C'est sur les bords de ce bassin jadis couvert d'une riche végétation, au milieu des quartiers du Bruchion et de l'Hippodrome, que César avait établi son camp lorsqu'il fut assiégé dans la ville. Nous devons ici, en nous appuyant sur des documents historiques, détruire une erreur communément répandue, qui place le camp de Jules César un peu plus haut que le tombeau du cheikh Sidi-Gâber, à l'endroit même où s'élève aujourd'hui le palais de Moustapha-Pacha transformé en caserne anglaise. Là existait autrefois un château-fort, sorte de camp retranché construit par un empereur romain, probablement au 1er siècle, sur les hauteurs de *Nicopolis* qui occupait alors, avec sa nécropole, tout le territoire de la campagne actuelle de Ramleh. Ce fut près de cette bourgade, alors appelée Juliopolis, que César vainquit Antoine; pour cette raison, il changea son nom en celui de "Nicopolis" afin de perpétuer le souvenir de la "victoire" qu'il avait remportée. Ce *camp retranché des césars* n'a absolument rien de commun avec celui dont il est question dans la " guerre d'Alexandrie ".

Nous lisons dans les Commentaires et dans Hirtius: "guerre civile" et "guerre d'Alexandrie":

« . . . On avait logé César, à son arrivée, « dans la partie d'un palais jointe à un théâtre qui « servait de citadelle sur le port. César, afin de « n'être pas forcé de combattre malgré lui, s'em-« para de plusieurs postes qu'il fit fortifier pendant « la nuit, et augmenta chaque jour ses fortifications « par de nouveaux ouvrages ». . . . « Par des ouver-« tures pratiquées dans les maisons dont il s'est em-« paré dans son quartier, on bat les maisons voisines, « et tous les édifices qu'il ruine ou dont il se rend « maitre, servent à étendre sa ligne de défense ».

Ce passage établit clairement la position de César dans l'intérieur d'Alexandrie, *sur le port, dans un palais attenant au Théâtre.*

« . . . César fit d'abord occuper le Phare par « ses troupes, et certain d'être en mesure de re-« cevoir des vivres et des secours par mer, il s'ap-« pliqua de tout son pouvoir d'avancer ses ouvrages « afin d'isoler du reste de la ville, la partie qui en « était séparée par un marais. Son but était, en « agissant ainsi, de pouvoir mieux donner ses ordres « à son armée, de diriger ses attaques par un seul « commandement, et de porter du secours à telle « partie de ses troupes qui faiblirait, ou à en re-« cevoir lui-même, de l'autre partie de la ville, en « cas de besoin; mais son plus grand avantage était « surtout que ce marais lui procurait de l'eau et du « fourrage en abondance ».

Le marais en question occupait naturellement la partie la plus basse de la ville, baignée par les infiltrations du Canal pendant la crue du Nil, et où l'eau demeurait stagnante une partie du printemps et de l'été, c'est-à-dire lorsque le fleuve était en pleine décroissance; or le seul endroit qui corresponde exactement à ces indications, est le bas-fond marqué aujourd'hui par le fossé de Chatby, qui subit encore les fluctuations du Nil, et dont nous avons parlé plus haut. Une section de l'armée de César s'étendait au S.-O. et s'arrêtait au Gymnase probablement; l'autre occupait tout le côté opposé et rejoignait la première au pied du cap Lochias. Après cette guerre, le quartier des palais, qui avait supporté presque tous les efforts de la lutte, fut fortifié et séparé du reste de la ville; il se conserva jusqu'en 275, année de sa destruction complète.

CAP LOCHIAS ET SES PALAIS.

Après avoir traversé le fossé boueux et malsain de Chatby, on rencontre des portions de voûtes en briques gisant sur le rivage à l'angle de l'ancien lazaret servant aujourd'hui d'étables. Un peu plus loin, des restes de maçonnerie informes émergent à quelques mètres de la côte: ce sont les vestiges de l'ancien môle qui fermait le petit port privé situé au pied du cap Lochias, ce « port creusé de « main d'homme et réservé pour l'usage parti- « culier des rois », dont parle Strabon; nous avons pu suivre ce môle sur toute sa longueur et déterminer l'entrée du bassin à 60^m environ du rivage.

A l'extrémité N.-E. du mur du lazaret qui longe la côte, débouche un ancien égout; cet endroit où le promontoire du Lochias décrit une courbe, a conservé presque entièrement sa forme primitive; une tranchée que nous y avons creusée a permis de découvrir des pans de mur en briques, ainsi que d'autres plus épais, en briques et pierres calcaires non taillées; les premiers sont peut-être les fondements de l'arsenal particulier qui touchait au port privé; les autres, qui ont 4^{m}50 d'épaisseur et qui se dirigent du S.-O. au N.-E., appartiennent certainement au quai tracé par les anciennes murailles de la ville grecque, telles qu'on les retrouve un peu plus loin, sur une assez grande longueur, et construites de la même manière.

Lors de la fondation du fort "Silsileh" dont on a sous les yeux la tour ronde, percée de deux rangs d'étroites meurtrières (bâtie sur l'emplacement du palais principal du Lochias), les Arabes ont rasé tout ce qui restait de ruines sur ce promontoire jadis célèbre par ses villas royales; des traces de constructions antiques subsistent encore; mais elles ne servent plus qu'à indiquer qu'autrefois, au temps des Ptolémées, un monument inconnu existait sur tel ou tel point de ce Lochias si cher aux fastueux monarques grecs, où ils venaient se reposer en contemplant le plus délicieux panorama qu'on puisse rêver: le Phare, flèche immense qui s'élançait du fond de la mer pour indiquer l'entrée du Grand-Port, l'Heptastade et ses deux passages fortifiés par où les navires communiquaient avec l'Eunostos, toute la ville avec ses admirables monuments privés, ses édifices publics à demi cachés par les massifs de verdure, ou développant leurs gigantesques colonnades au sommet des hauteurs qui dominaient la cité superbe, enfin le port sillonné par les galères royales tendues de voiles écarlates, autour desquelles glissaient une multitude de barques aux formes bizarres; devant ces merveilles, la mer fermait l'horizon de son vide immense.

Aujourd'hui plus rien ne subsiste de tant de richesses : la ville a été si totalement transformée, qu'il semble que ce n'est pas seulement vingt siècles qui se sont écoulés depuis ces grands jours de faste insensé, mais qu'un abîme incommensurable de temps nous sépare de l'époque où florissait cette race célèbre, aussi vaste dans ses conceptions que dégénérée dans ses passions, race disparue avec la reine qui termina son histoire en Egypte, en entrainant avec elle les dernières épaves de sa grandeur.

Les vestiges de quelques monuments du Lochias sont en partie ensevelis sous le fort des Arabes construit avec des matériaux arrachés à leurs ruines. L'entrée de ce fort aujourd'hui abandonné, est marquée par des tronçons de colonnes en granit, et des pans de murs en briques écroulés dans la mer, au pied du quai qui suit à peu près le même tracé en cet endroit, qu'autrefois. A la hauteur de la tour de Silsileh, les restes du môle qui fermaient le bassin particulier où stationnaient les galères royales, se reconnaissent encore parfaitement, et quand la mer est tranquille, l'œil peut les suivre sur une certaine longueur dans la direction de l'angle ouest de l'ancien lazaret, près du pont-barrage du fossé de Chatby. Des morceaux d'antiquité se retrouvent près de la tour et dans les glacis construits sous le règne de Saïd-Pacha; ce sont des blocs rectilignes unis ou à listeaux, des fûts brisés, des fragments de linteaux de porte en granit rose, des chapiteaux, des socles, des corniches à denticules en marbre blanc, mélangés aux débris de toute sorte employés dans les fortifications arabes.

Après avoir dépassé la tour de Silsileh et l'escarpe du bastion dont elle occupe le centre, le chemin devient plus difficile à mesure que l'on avance vers l'extrémité du promontoire. Dans le premier angle rentrant formé par la ligne brisée que décrit la chaussée, on aperçoit sur des rochers à fleur d'eau des vestiges de constructions en granit marquant peut-être l'emplacement de la " villa royale " qui s'élevait en avant du port privé.

En continuant à marcher toujours au N.-O., on rencontre à chaque pas quelques autres débris de constructions détruites par les coups de mer, dont le ressac se fait violemment sentir sur ce côté du port, malgré les bancs de récifs submergés qui en atténuent le choc. Par intervalle la chaine de rochers s'interrompt, laissant entrevoir de larges et profondes crevasses comblées avec des quartiers de murailles en briques, des blocs énormes de granit rose, des tronçons de colonnes mélangés de pierres de taille et de moellons en calcaire jetés çà et là pour remplir les vides et ramener le niveau de la jetée qui reliait encore, il y a peu d'années, les différentes sections de la ligne fortifiée du promontoire. Sur cette jetée est tracé un chemin assez large recouvert de pierrailles ou d'épais mortier composé de chaux, de briques pilées et de petits cailloux; elle est protégée par un parapet solidement construit, et percée d'ouvertures voûtées ayant pour effet d'amortir et de briser les lames qui s'y engouffrent pour aller s'échouer du côté opposé. Pour plus de solidité les pierres de taille sont reliées par des crampons en fer, ou encastrées les unes dans les autres au moyen de divers systèmes d'assemblage. Ce mode de construction, autant que l'on peut en juger sur l'apparence, devait offrir les meilleures garanties de durée et de résistance, mais soit défaut dans les fondements, soit seulement l'effet de la violence des coups de mer sans cesse répétés, la chaussée, en plusieurs endroits, a fléchi, s'est rompue, et n'a conservé que ses assises inférieures, sur lesquelles les vagues déferlent en allant se briser sur quelque pan de mur, ou s'étendre en clapotant sur les récifs nus et rugueux dont plusieurs portent encore à leur surface des morceaux de colonnes en granit rose.

 A l'endroit où la jetée présente à sa surface des rochers découpés en forme de petits "icebergs" nous avons trouvé les fragments d'un socle en marbre portant les restes d'une inscription en caractères grecs du 1er siècle. Les éclats enlevés à la pierre ont fait disparaitre la plus grande partie des mots, et l'on ne distingue plus que les lettres N Ο... Δ Ε Ρ... Μ... Κ Ρ... Α Σ... Ι Π Π... Λ Ο Σ Ο Φ... Υ Ο... Σ Υ... Il est impossible, pensons-nous, de reconstituer ou même d'avoir une idée d'un texte avec si peu de données; les lettres Ι Π Π... qui semblent être le commencement d'un mot, veulent-elles dire Hippolyte, et faut-il lire " philosophe " dans ... ΛΟϹΟΦ..? c'est probable pour ce dernier mot, mais cela ne nous apprend rien, sinon que le morceau que nous avons sous les yeux a dû faire partie d'un piédestal qui supportait probablement la statue de quelque philosophe.

La chaussée bien que rompue, et laissant de longs intervalles submergés, peut néanmoins être suivie jusqu'au-delà du bastion carré qui est le point le plus avancé des fortifications. Soit que l'on s'engage sur les soubassements de la jetée, ou que l'on suive la crête verdâtre et glissante des récifs criblés de cavités dont plusieurs sont remplies d'un béton grossier, l'eau ne dépasse guère les genoux ; mais on ne saurait trop prendre de précautions pour franchir ces écueils glissants aux arêtes vives et tranchantes qui laissent entre eux de profondes crevasses desquelles il serait souvent difficile de se tirer si quelque faux pas causait une chute dans ces parages. C'est sur la droite du promontoire que les récifs sont le plus dangereux ; leurs parties basses, rongées par les courants, se rétrécissent de plus en plus jusqu'à une certaine profondeur, et les intervalles qui les divisent, faciles à franchir d'une enjambée ou d'un saut à leur surface, sont en réalité très larges sous l'eau ; on comprend donc qu'en passant d'un rocher à l'autre, il faut user de prudence pour assurer ses pas, car un mouvement trop précipité ou mal calculé, pourrait occasionner les plus fâcheuses conséquences.

Le bastion quadrangulaire que nous avons signalé, point extrême des fortifications du promontoire, est aujourd'hui détaché de la chaussée qui y conduisait, et forme un ilot au milieu des récifs. Ses murailles lourdes, massives, en grosses pierres de taille, sont exposées au choc sans cesse répété des lames qui de la haute mer viennent se briser contre elles. Des tronçons de colonnes en granit, ces derniers souvenirs de l'époque gréco-égyptienne que l'on rencontre partout, gisent épars au pied du fort; d'autres débris antiques sont employés dans la construction comme de simples pierres de taille, ou pour faire liaison dans l'épaisseur des murs; le seuil de la porte d'entrée, à 3 mètres environ au-dessus de l'eau, est formé d'un bloc de granit rose, selon l'usage que les Arabes ont toujours suivi, particularité que l'on remarque dans tous leurs monuments privés ou publics.

Pour arriver au-delà du bastion, il faut s'appuyer aux murailles et les suivre à droite. Les rochers submergés au premier angle que l'on doit tourner, sont un peu malaisés à franchir, et c'est là surtout qu'il faut redoubler de précaution et prendre garde aux crevasses: l'expérience nous l'a enseigné; on continue ensuite à longer la muraille N.-E. sans rencontrer d'obstacle, et l'on parvient ainsi à la limite des constructions militaires; mais les écueils, à plus ou moins de profondeur sous l'eau, continuent encore sur une distance d'environ 600 mètres. En examinant la face du bastion tournée vers la haute mer, on y remarque des fûts de colonnes en granit et des morceaux prismatiques à base carrée ou trapézoïdale, de même nature, faisant parpaing dans la maçonnerie. Aucun point du rivage n'est plus exposé que celui-ci aux coups de mer : les vagues soulevées par les vents du large, roulant furieuses sur les récifs, vont se briser contre les épaisses murailles du fort d'où elles rejaillissent en projetant des flots d'écumes blanches qui s'écoulent en serpentant dans les interstices des rochers. De nouvelles masses d'eau se succèdent sans relâche avec la même impétuosité, éclatent et s'abattent au pied de ce monceau de pierres qui jusqu'à présent a résisté à la violence des tourbillons qui font rage autour de lui. Au milieu de cette agitation continuelle des eaux, il n'est guère possible de pousser les recherches plus avant. Ce qui attire particulièrement l'attention, est un magnifique fût de granit couché en travers, servant de brise-lames près d'un canon rongé par la rouille, et dont la bouche est fermée par un boulet; contraste curieux entre ces deux objets, restes inertes mais caractéristiques, manifestes, évidents d'époques si différentes, si opposées: l'un renversé à la place qu'il occupait sans doute dans l'antiquité, l'autre tombé d'un parapet moderne, tous deux réunis par le hasard, et cependant séparés par tant de siècles!...

A la suite des récifs qui limitent l'ancien Lochias, on trouve encore, à 3 et 4 mètres sous l'eau, les traces d'un môle qui s'élève d'abord sur un bas-fond de roc, puis se continue vers l'O.-N.-O. du côté du fort Qaït-Bây, c'est-à-dire de l'ancien Phare; ce sont les restes de l'*Acrolochias* dont parle, en ces termes, Flavius Josèphe : « En entrant dans le « port, l'île de Pharos s'étend sur la droite, et une « forte digue l'embrasse comme un bras à gauche ».

Après avoir quitté la péninsule du Lochias pour continuer à longer la côte, on reconnait sur la falaise même, quelques vestiges des anciennes murailles d'Alexandrie : ce sont des fragments de maçonnerie grossière et très résistante, en moellons, briques et mortier; un morceau détaché se voit sur le sable près de l'ouverture d'un ancien égout qui fonctionne encore aujourd'hui; un peu plus loin, d'autres restes des remparts grecs apparaissent plus distinctement.

En suivant toujours la mer dans la direction du N.-E., le rivage devient plus rocailleux; les traces de l'ancienne enceinte ne se rencontrent plus qu'à de rares intervalles. La côte reprend tout à coup son premier aspect. Dans la falaise escarpée, bien au-delà du monticule qui porte le tombeau du cheikh Chatby, on découvre une grande quantité de poteries brisées, de cailloux de toute nature mélangés au sable; c'est au pied de cet amas de décombres taillé à pic, que l'on rencontre les plus beaux restes de l'enceinte primitive, qui s'étendent sur une longueur d'environ 25 mètres sur 4 mètres de largeur, et plus d'un mètre d'élévation au-dessus des sables humides que les vagues amoncellent grain à grain. Ce banc de maçonnerie est composé de briques et pierres tendres reliées par d'épaisses couches d'un mortier grisâtre contenant de la brique pilée pour lui donner plus de consistance. A partir de cet endroit, le plus avancé de l'ancienne ville, et du quartier de l'Hippodrome sur le rivage, les murailles tournent brusquement à droite dans les glacis d'une redoute abandonnée, autrefois élevée par les Français et qui est à quelques pas de là, puis elles continuent dans la direction du S.-E. en coupant perpendiculairement le chemin de fer et la route de Ramleh.

On sait que l'enceinte de Dinocratès, l'architecte d'Alexandre, en partie renversée dans la seconde moitié du IIIme siècle, fut relevée plus tard par les Romains et les Grecs du Bas-Empire; mais en suivant le récit d'Ammien Marcellin et ceux d'autres historiens, il est facile de reconnaitre que les remparts primitifs n'ont jamais été complètement détruits. Nous savons que dans le quartier du Bruchion principalement, c'est-à-dire dans la partie N.-E. de la ville jusqu'à la hauteur du cap Lochias, les murailles avaient été abattues pour prévenir toute insurrection; mais elles furent respectées en plusieurs endroits, et particulièrement dans le quartier du Serapeum; en admettant même qu'elles eussent été complètement rasées, puis reconstruites à diverses époques, il en resta toujours les fondements ; or, les vestiges que nous trouvons aujourd'hui, à 3 ou 4 mètres au dessous du sol actuel, sont donc bien les restes de l'enceinte grecque, qui survécurent à la destruction ordonnée par Aurélien, et sur lesquels ont été bâtis, à différentes reprises, des remparts qui furent définitivement abandonnés par les Arabes.

NÉCROPOLES DU NORD-EST.

Tout le terrain qui s'étend au N.-E. de la ville, entre les anciens remparts et l'*Oppidum* ou château-fort des césars, était occupé par la nécropole orientale, ainsi nommée par opposition avec la principale nécropole située entre le lac Maréotis et la mer; celle-ci était particulièrement réservée aux « citoyens » pendant les époques grecque et romaine; l'autre servait aux étrangers et aux Juifs qui habitaient exclusivement le quartier du « delta » au nord-est dans la circonscription de l'Hippodrome. Ce quartier formait pour ainsi dire, une petite république avec ses lois, ses coutumes particulières, gouvernée par un ethnarque nommé par les rois. Il était entouré de murs nécessaires à sa sécurité, souvent compromise par les querelles qui résultaient des dissensions religieuses et politiques.

Les sables de l'ancienne nécropole du Nord-Est, ont été remués, fouillés depuis longtemps et le sont encore aujourd'hui, non sous le point de vue archéologique, mais pour exploiter les anciens hypogées afin d'en tirer des matériaux de construction : les pierres calcaires, les éclats de roc provenant des tombeaux ont servi de moellons ou de pierre à chaux; et les briques cassées, les débris de poteries de tous genres, ont été utilisés pour les fondations des constructions nouvelles. Dans ce bouleversement du sol on a découvert de fort beaux hypogées de l'époque des Ptolémées ; d'autres caveaux dont quelques-uns contenaient de magnifiques sarcophages, sont reconnaissables, par leur disposition, par les inscriptions figurant sur les parois nues ou ornées de fresques, et par les divers objets déposés auprès des morts, pour avoir servi à des sépultures juives, païennes et chrétiennes.

Les tombes juives sont celles que l'on retrouve en plus grande quantité naturellement ; l'hypogée se compose le plus souvent de plusieurs chambres dépourvues d'ornement, et dont les parois sont creusées de cavités profondes taillées dans le roc, avec d'autres plus petites parfois arrondies en forme de niches ; dans les premières on plaçait le corps du défunt comme chez les chrétiens ; au-dessus, une inscription en caractères grecs tracés au pinceau, relatait simplement son nom et son âge ; les autres contenaient pêle-mêle les ossements des squelettes qui avaient été retirés de leur première tombe quand le caveau manquait de place pour recevoir de nouveaux membres de la famille ; d'autres fois on recueillait les ossements dans de petits coffres en pierre, placés sur des banquettes dans la chambre mortuaire ou dans les niches des parois.

Parmi les décombres qui recouvrent la nécropole sur toute son étendue, on retrouve entre la mer et le chemin de fer du Caire, de curieux cercueils en terre cuite composés de deux parties réunies bout à bout en forme d'étui allongé, dont plusieurs contiennent encore des squelettes entiers; près de ces cercueils et d'autres caisses mortuaires également en terre cuite mais de formes différentes, sont des urnes, des jarres remplies de cendres des morts, ce qui indique par conséquent une date antérieure à la fin du IVe siècle, époque à laquelle Théodose abolit par décret l'usage de la crémation. On y trouve en grande quantité des amphores, des cruches à anses doubles, des lampes, de petits flacons aplatis marqués de la croix grecque, ou du chandelier à sept branches et de divers autres attributs bibliques, dans lesquels étaient conservés le vin, le lait, le miel, l'huile bénite, les parfums, etc., qui, selon le rite, accompagnaient le défunt. C'est au-dessous de ces débris funéraires que sont les hypogées creusés dans le roc, ou bâtis en briques et calcaire, qui servaient de sépultures aux familles aisées; on y descendait par un couloir vertical, à l'entrée duquel s'élevait quelquefois une petite chapelle mortuaire.

Le cimetière militaire romain faisait suite à la nécropole orientale : là étaient ensevelis les soldats des légions qui avaient tenu garnison dans l'Oppidum ou forteresse des césars (entre le tombeau du cheikh Sidi-Gâber et le palais de Moustapha-Pacha). Le reste du rivage jusqu'au-delà de Ramleh, contient des hypogées appartenant à l'ancien cimetière de Nicopolis; de quelques-uns envahis par la mer, il ne reste plus que les soubassements et le sol pavé ou cimenté des salles, que l'on retrouve parmi les vestiges de constructions antiques, mêlés de fragments de statues, qui existent sur le rivage ou dans les monticules de la campagne de Ramleh. C'est à la station dite de Bulkeley, à environ un kilomètre de l'ancien Oppidum, qu'a été découvert un petit édicule élevé au-dessus d'un tombeau, et taillé dans le roc tendre sur le bord de la mer en haut de la falaise; il était construit sur un plan rectangulaire, dirigé de l'O. à l'E., d'environ 11 m. sur 7.50, et soutenu par douze colonnes doriques disposées 4 et 2 sur chaque face, entre les quatre piliers d'angle.

Tout le rivage, à partir de la péninsule du Lochias jusqu'aux dernières villas de Ramleh, n'est donc qu'un vaste champ funéraire; la falaise minée par la mer a mis à découvert plusieurs caveaux, ou les a détruits par les éboulements qui ont laissé de profondes entailles le long de la côte.

Les nécropoles occidentale et orientale, enserrant la ville à ses deux extrémités, furent les premières qui ouvrirent leurs flancs aux habitants d'Alexandrie; c'est donc là et dans le «Sôma» où était déposé le corps d'Alexandre, que l'on retrouve les plus anciennes sépultures. Diverses parties des quartiers grecs du Bruchion, de l'Hippodrome, du Sôma, du Museum et les buttes du Serapeum dans le Rhacotis, servirent de cimetières au fur et à mesure que ces quartiers étaient plus ou moins délaissés, à partir de l'époque romaine. Les cimetières envahirent même l'intérieur de l'enceinte arabe quand, sous la domination musulmane et lors de sa complète décadence sous le joug des Turcs, la ville peu à peu dépeuplée, reçut de nouveaux habitants qui allèrent s'établir sur les terrains d'alluvion de l'Heptastade et formèrent une bourgade qui semblait veiller sur l'antique cité des Ptolémées et des Empereurs ensevelie sous la poussière des morts. Ce coin du rivage africain qui avait attiré pendant quelques siècles les regards du monde entier, était rentré dans le néant; gloire, puissance, intrigues, passions, guerres civiles, haines fanatiques, tout ce que renferme le cœur humain de sublime et d'immonde, s'était déroulé sur cette terre rougie de sang que les persécutions lancées du sénat romain ou des conciles faisaient verser. Le fer et la flamme avaient passé...; païens et chrétiens comptaient chacun leurs martyrs tombés courageusement pour soutenir leur foi...; la mort avait tout fauché, tout nivelé, et des siècles de générations dormaient sous le même linceul, au milieu des ruines qui jonchaient le sol, où quelques colonnes oubliées se dressaient encore comme les cippes funèbres de la métropole disparue... Et cette plage aride, désolée, du sein de laquelle le fils de Philippe avait fait surgir une cité immense, était redevenue déserte comme auparavant; seule la petite bourgade de l'Heptastade conservait le souvenir de la ville célèbre confondue dans ses nécropoles, et qui formait avec elles un vaste ossuaire étendu le long du rivage sur plus de quinze kilomètres.

MUSEUM ET BIBLIOTHÈQUE.

Parmi les édifices rangés au nombre des palais royaux, il nous reste à déterminer l'emplacement du *Museum* qui contenait la fameuse *Bibliothèque*; question jusqu'à ce jour indécise, et que nous ne pouvons définitivement trancher à cause du manque de documents exacts, positifs et d'un témoignage indiscutable; néanmoins les remarques suivantes serviront peut-être de base à d'autres recherches qui viendront sans doute confirmer nos observations.

En parlant de ce monument célèbre, la plus grande gloire de l'époque des Ptolémées, Strabon s'exprime ainsi: « Comme se rattachant aux palais « royaux, on peut compter le Museum avec ses « portiques, son "exèdre" et son vaste cénacle ». Ce passage du géographe grec est assez obscur: l'expression « *on peut* compter le Museum comme *se rattachant* aux palais royaux » laisse à entendre que ce monument, sans faire précisément partie des palais de la côte, n'en était cependant pas très éloigné. Il parle dans les mêmes termes du Sôma, sépulture d'Alexandre, le Kom-ed-Démas d'aujourd'hui, situé à environ 600 mètres du port.

Ammien Marcellin est plus précis : « Sept cent mille « volumes, dit-il, provenant de tous les pays du « monde, et rassemblés par les soins infatigables « des Ptolémées dans le palais du Musée, *furent* « *brûlés* pendant la guerre d'Alexandrie, *dans le* « *bouleversement de la ville,* sous le dictateur César ». D'autres écrivains rapportent que « César ayant incendié ses vaisseaux et ceux des Alexandrins stationnés dans le port, *la flamme gagna la partie du Musée où se trouvait la Bibliothèque* et la détruisit presque entièrement ».

Si l'on s'en tient à ce dernier récit, il faudrait placer le Museum sur le rivage même ; mais en s'appuyant sur les deux premiers auteurs cités, on peut supposer que le Museum, bien qu'étant compté au nombre des édifices royaux, ne se trouvait pas sur le port, et n'a pu, par conséquent, être atteint par le feu des vaisseaux incendiés. Il est bien plus rationnel d'admettre qu'il a été brûlé comme tant d'autres édifices, pendant la guerre civile dont le foyer d'action était dans le quartier du Bruchion qui comprenait alors, par rapport à la ville actuelle, tout le terrain situé entre le port de l'Est et les deux côtés de la rue Porte-Rosette au pied de la colline de Kom-ed-Dik, depuis la mosquée Attarin' jusqu'au Bab-ech-Charqi. Or depuis une trentaine d'années que l'on fouille cette partie de la ville en y creusant les fondements de maisons nouvelles, les plus beaux morceaux d'antiquité de l'époque gréco-égyptienne ont été découverts, lors de la construction du consulat de France, de la Bourse Toussoun et des maisons situées entre ces deux bâtiments. Sous les premières couches de décombres, on a trouvé des citernes, des caveaux funéraires construits en briques principalement, et des tombeaux de forme prismatique recouverts de dalles disposées en angle dièdre ou simplement placées à plat. A quatre ou cinq mètres de profondeur, sous une autre couche de décombres mélangés d'éclats de marbre, de poteries diverses, de fragments de lampes, d'amphores, de vases à libation et d'autre ustensiles en terre cuite ayant servi aux cérémonies funèbres, parmi lesquels se trouvaient de petits flacons en verre bleu foncé ou verdâtre, en argile brun ou noir, on a mis au jour de magnifiques colonnes en granit rose, renversées au milieu d'autres débris taillés, et un magnifique bassin de forme allongée, presque demi-cylindrique, creusé dans un monolithe de granit gris ayant plus de trois mètres et demi de longueur. Deux mètres plus bas on a trouvé près du Consulat, les restes d'un mur d'angle de trois mètres d'épaisseur, en blocs énormes de calcaire, et diverses parties d'un pavage en mosaïque bordé de filets, adhérant au sol à l'aide d'un épais ciment rougeâtre, sur lequel étaient couchées de superbes colonnes en granit dont les plus grandes, brisées dans leur chute, mesuraient plus de quatre mètres et demi de hauteur.

La présence d'aussi remarquables ruines indique incontestablement qu'un grand palais a existé en cet endroit, et la profondeur où il a été reconnu prouve assez que son origine remonte aux temps les plus reculés de l'époque grecque en Egypte. Cet édifice dont les vestiges attestent l'importance, était-il le Museum?... sa position près du tombeau d'Alexandre, et à l'angle des rues de Canope et du Sôma, ne saurait être mieux choisie, et répond exactement au récit de Strabon.

Le Museum était, comme on sait, une société savante consacrée aux Muses, une Académie brillante connue sous le nom d'*Ecole d'Alexandrie*, fondée par le premier des Lagides qui en ordonna l'exécution dès que le mausolée d'Alexandre fut achevé; il remplaça le collège d'Héliopolis, et devint le centre de toutes les études auxquelles se livraient une pléiade de savants, travaillant sans cesse à rassembler et à développer tout ce qui était du domaine de l'intelligence humaine, dans les lettres, les sciences et l'industrie. « C'est dans la « paix du Muséum » dit M. Maspéro, « qu'un Cté- « sibios se livrait à des inventions mécaniques avec « un certain Héron, construisaient ensemble des au- « tomates, des clepsydres, des pompes foulantes, des « orgues hydrauliques et découvraient la puissance « de la vapeur... » Les membres de l'Université formaient plusieurs sections, suivant la branche d'enseignement qu'ils pratiquaient; à leur tête était un recteur élu par les professeurs; le corps des recteurs formait un sénat présidé par un grand-maitre nommé par le roi. Le Museum renfermait un vaste jardin entouré de portiques et planté de grands arbres dont la fraîcheur était entretenue par des fontaines à bassins de marbre; une immense salle hypostyle était réservée aux cours publics; d'autres salles servaient pour les cours particuliers et au logement des savants auxquels le gouvernement allouait une pension, et qui étaient tenus de se rassembler dans le cénacle où ils prenaient leurs repas en commun, à demi-couchés sur des lits selon la coutume grecque. La partie réservée à la Bibliothèque réputée à juste titre la plus belle du monde, était l'objet de la constante sollicitude des rois qui prenaient soin d'y rassembler tous les matériaux nécessaires aux travaux des maîtres. M. Maspéro croit avec raison que c'est à cette société d'hommes éminents, que nous devons en partie notre culture intellectuelle. « Il n'y « eut », dit-il, « partie de la science qui ne fût ex« plorée au Museum, doctrine qui n'y fut étudiée. « Le travail le plus sérieux et le plus durable se fit « dans le domaine de la grammaire, de la philo« logie prise au sens moderne, et des sciences na« turelles. C'est aux labeurs critiques des Ale« xandrins que nous devons d'avoir conservé la « littérature grecque, et il est à peine besoin d'in« diquer quelle influence décisive cette littérature a « exercé sur la culture de l'Occident. En ce qui « regarde les sciences naturelles, il est certain que « le développement éclatant qu'elles ont pris en « notre temps, se rattache surtout à la tradition et « à la méthode de l'Ecole d'Alexandrie. La restau-

« ration des sciences n'a été, ou peu s'en faut,
« qu'une restauration des principes alexandrins ».

Les écrivains qui placent le Musée sur le port même, s'appuyent sur cette version : « Ptolémée
« Soter, prince lettré, qui recherchait la compagnie
« des philosophes et des savants, avait destiné à
« leur logement une partie de *son palais* à laquelle
« il avait donné le nom de Museum... » Mais ce palais, contemporain de la fondation de la ville, le premier qui fut qualifié de " royal ", s'élevait-il sur le bord de la mer, ou à l'endroit que nous avons indiqué ? aucun écrivain ancien ne mentionne ce détail. Le palais royal dont parlent les historiens du 1er siècle, était situé près du temple de Neptune, sur le versant N.-O. du monticule dominé par le Théâtre ; d'autres monuments, connus sous la dénomination de " palais intérieurs ", existaient un peu plus haut, sur la pente douce du même monticule, au N. et au N.-E. jusqu'au cap Lochias ; de plus, on désignait aussi sous le nom de palais royaux, la plus grande partie des édifices construits pas les Ptolémées dans le quartier du Bruchion :
« Chaque roi », dit Strabon dans un passage que nous avons déjà cité, « s'était plu à augmenter le
« nombre des constructions royales, de façon que
« l'on pourrait dire que ces palais sortent les uns
« des autres, car en effet tous ceux qui existent sur
« le port et *même ceux qui s'étendent au delà*, sont
« contigus entre eux ». Ce passage, confirmé par Pline, démontre clairement que la dénomination

de "palais royaux" s'appliquait indistinctement aux palais de la côte comme à ceux qui s'élevaient sur un point quelconque du Bruchion; du reste Pline et les auteurs de son temps disent que les édifices royaux occupaient en étendue, le cinquième de la ville. Mais que le Museum se trouvât près du tombeau d'Alexandre ou sur le port, on ne peut admettre, ne serait-ce que par l'examen des lieux, qu'il ait pu être attaqué par le feu des vaisseaux incendiés par César. Ce qui donne encore peu de crédit à ce récit, est cette autre manière d'attribuer l'incendie de la "Bibliothèque" au khalife Omar qui n'a jamais vu Alexandrie que par les yeux de son lieutenant Amr', alors que le Musée et sa Bibliothèque n'existaient plus depuis longtemps. On sait que le quartier du Bruchion, fortifié depuis Jules César, soutint son dernier siège sous Aurélien et fut détruit en 275.

Sans pouvoir conclure d'une manière absolue, nos propres recherches nous portent à admettre que le Museum occupait l'angle des rues de Canope et du Sôma et qu'il a été incendié, avec la Bibliothèque qu'il contenait, pendant la guerre civile (47 av. J. C.) (1). Au-dessous des caveaux

---

(1) Après la destruction de la Bibliothèque du Museum, celle qui existait dans le temple du *Serapeum* prit une certaine importance; elle contenait cinq cent mille volumes y compris deux cent mille manuscrits de la Bibliothèque de Pergame donnés par Antoine à Cléopâtre. Elle fut brûlée par Amr' sur l'ordre du khalife Omar qui craignait que ces livres

funéraires que l'on trouve dans les terrains situés derrière la Bourse Toussoun, entre la rue de la gare du Caire et celle de la mosquée Nebi-Daniâl, on découvrirait certainement, au niveau du sol primitif, le reste des ruines qui se rattachent à celles déjà mises au jour lors de la construction des maisons du voisinage. Un monument comme le Museum, dont on pourrait presque reconstituer le plan à l'aide de la description qu'en font les auteurs anciens, doit encore conserver dans ses fondements certaines lignes servant à faire reconnaitre sa distribution; et de son mobilier en pierre: siéges, tables, armoires, coffres, etc., il doit rester encore des fragments ensevelis sous les décombres; les armoires de la Bibliothèque, par exemple, devaient porter une indication sur le genre d'ouvrages qu'elles contenaient; dans les salles d'études, de conférences, il est à supposer que des inscriptions rappelant une maxime, un principe, un nom, devaient être gravées sur des stèles, ou figurer le long des frises ou sur des panneaux de marbre... Malgré la destruction complète du Musée, quelques débris de tous ces objets de pierre doivent encore exister parmi les ruines enfouies sous le sol, et on les retrouverait en faisant des recherches au-dessous

---

ne fussent contraires à la religion. C'est au Serapeum que se continua l'Ecole d'Alexandrie jusqu'en 389, époque à laquelle le patriarche Théophile persécuta ses membres et détruisit le temple — (V. *Alexandrie et la Basse-Egypte*, Paris, Plon et Cie.).

des hypogées romains que renferment la butte de décombres et les jardins qui avoisinent la Bourse Toussoun, sur la déclivité S. O. de la colline de Kom-ed-Démas.

Les morceaux précieux d'antiquité que l'on a trouvés dans le sol d'Alexandrie, sont beaucoup plus nombreux qu'on ne le croit généralement. En creusant les fondements des constructions nouvelles, les plus belles pièces disparaissent au fur et à mesure qu'on les découvre et restent entre les mains des ouvriers ou du propriétaire du terrain. Un décret khédivial interdit cependant cette exploitation quasi clandestine des antiquités. La ville ne possédant pas de Musée, personne ne s'inquiète de ce que deviennent les objets de valeur qu'un coup de pioche donné au hasard met au jour, et qui passent dans les collections particulières, ou qui sont vendus par les ouvriers qui, pendant les travaux, ont pu les dérober en secret. Peu de personnes à Alexandrie ignorent que lors des excavations récemment faites à l'endroit où nous plaçons le Museum (pour ne pas préciser davantage), on a trouvé, encastrée dans l'épaisseur d'un reste de muraille, une sorte d'armoire en pierre, fermée par un panneau de bois glissant sur des rainures, pleine de menus objets de toute forme ressemblant, au dire des Arabes, "à des jouets d'enfant" en métal et en ivoire. Des planchettes sillonnées de lignes géométriques, d'autres marquées de caractères d'écriture et de chiffres, s'y trouvaient également ; il y avait aussi deux petits coffrets contenant des médailles, des anneaux plats et de petits objets en cuivre de formes diverses. Ces reliques sont, parait-il, passées en Allemagne. Qu'a-t-on lu ou reconnu sur ces planchettes ? Ces médailles, ces anneaux, ces pièces de cuivre et d'ivoire, qu'était-ce que tout cela ? Des instruments de quelque savant peut-être, appliqués à des essais ou à la démonstration. On comprend l'importance et toute la valeur d'une pareille trouvaille faite à 6 ou 7 mètres de profondeur, tandis que les mêmes objets achetés *bona fide* chez un particulier ne peuvent avoir un caractère sérieux d'authenticité, à défaut d'un témoignage précis.

Le Museum a brillé de tout son éclat pendant près de trois siècles avant J.-C., et s'est encore maintenu environ quatre siècles après, dans les salles du *Serapeum* où s'élève aujourd'hui la colonne de Dioclétien, dite de Pompée. Le palais où florissait cette merveilleuse Académie, tomba en même temps que la puissance des Grecs en Egypte, et depuis dix-neuf siècles ses derniers débris sont restés enfouis sous les décombres amoncelés. Mais l'esprit des philosophes d'alors restait toujours vivace, l'amour de la science n'était pas amoindri ; les Muses tracassées par la guerre civile, s'en allèrent inspirer leurs favoris sous l'égide de Sérapis. Cette fois les persécutions renversèrent le temple du dieu protecteur, firent couler le sang des philosophes, et les Muses quittèrent l'Egypte pour n'y plus revenir.

Parmi les noms des savants de "l'Ecole d'Alexandrie" qui ont passé à la postérité, nous citerons pour mémoire : le mathématicien Euclide, Hérasistrate "le père de l'anatomie", les soixante-dix docteurs juifs auteurs de la Version des Septante, le sage Démétrius de Phalère fondateur de la bibliothèque, les poètes Zénodote, Théocrite de Syracuse, Callimaque, les astronomes Timocharès et Aristarque de Samos, qui s'illustrèrent sous les deux premiers Ptolémées; Eratosthène de Cyrène aussi grand astronome que savant historien, le poète Apollonius de Rhodes, le physicien Héron qui se distingua par ses découvertes sous Ptolémée VI; plus tard le géographe Strabon, puis l'astronome Sosigène qui fut chargé par César de rectifier le calendrier. Pendant la domination romaine, Philon et Apollonius de Tyane soutinrent la philosophie, Celse la médecine, Appien et Lucien l'histoire; vinrent ensuite Ptolémée, auteur d'un système planétaire qui fut suvi pendant quatorze siècles; le néoplatonicien Justin, martyr chrétien; les docteurs de l'église grecque saint Clément et l'illustre Origène, le mathématicien Théon et sa fille Hypathia.... Voilà quelques noms connus de tout le monde; ne suffisent-ils pas pour l'éternelle gloire de "l'Ecole d'Alexandrie"? De pareils devanciers ne méritent-ils pas qu'on suive leur exemple en continuant leur œuvre?... Nous avons déjà touché cette question dans la seconde partie de notre *Description de l'Egypte*; y revenir serait superflu.

Il y a cependant de grandes intelligences à Alexandrie, surtout parmi la population hellène, et nous avons chez les Grecs d'aujourd'hui de vrais savants, certainement capables d'être mis en parallèle avec leurs compatriotes des temps ptolémaïques. Faire revivre l'ancienne Académie, en établissant d'abord des conférences publiques où l'on traiterait de toutes les questions touchant, par quelque point que ce soit, aux sciences, à la littérature, à l'industrie, à toutes les connaissances humaines en général, n'est-ce pas chose toute naturelle dans une ville qui offre tant d'éléments divers? Ce serait déjà un grand pas vers le but à atteindre, et l'on verrait bientôt l'antique Museum, renaissant sous le même ciel qu'autrefois, recouvrer sa renommée célèbre, dont l'élan a été donné par une force telle, que quinze siècles passés sur ses dernières ruines, n'ont pu en altérer le souvenir.

TOMBEAU
D'ALEXANDRE - LE - GRAND.

Alexandrie, éclatante de merveilles, avait placé au premier rang de ses palais, de ses temples, un sanctuaire auguste, vénéré entre tous, le *Sôma* (Σῶμα), enceinte sacrée où reposait le corps du héros macédonien qui était comme le palladium de la cité. Ce lieu s'appelait "Sôma" c'est-à-dire le "Corps" à cause du précieux dépôt qu'il renfermait, sous l'égide duquel les Ptolémées avaient choisi leur dernier asile. Le Sôma, au dire des anciens auteurs, « était situé vers le milieu de la ville, et donnait sur une rue garnie de colonnades splendides qui allait déboucher sur le Grand-Port, près du Cæsareum, après avoir traversé la longue voie de Canope ». Achille Tatius qui écrivait au commencement du Vme siècle, parle de la rue du Sóma en faisant dire à Clitophon : « Après « notre navigation sur le fleuve, nous sommes en- « trés à Alexandrie par la porte du Soleil ; la rue « que nous suivions était ornée d'une double « rangée de colonnes jusqu'à l'extrémité opposée, « c'est-à-dire à la porte de la Lune. En m'avan- « çant à quelques stades dans l'intérieur de la « ville, je suis arrivé devant le *lieu qui porte le nom*

« *d'Alexandre*; de là j'ai pu voir l'autre moitié de
« cette ville, dont la beauté égalait celle de la partie
« parcourue jusqu'à cet endroit, car de même que
« ces colonnades se prolongeaient en ligne droite
« devant moi, *d'autres semblables les traversaient
« perpendiculairement* ».

Les indications qui précèdent sont tellement précises, qu'il n'est pas possible de se tromper sur l'emplacement du Sôma : la rue suivie par Clitophon, exactement conservée aujourd'hui sur la moitié de sa longueur, est celle de la mosquée " Nebi-Daniâl " qui passe devant l'hôtel consulaire de France pour aboutir au boulevard de Ramleh (1); l'autre rue dont il est question, traversant perpendiculairement la première, était la voie Canopique; le point d'intersection de ce deux rues, les plus remarquables de la ville antique, formait une place ayant à l'est le Sôma, au sud le Museum, à l'ouest un temple d'Isis; autrement dit, le Sôma et le Museum étaient à droite de la rue Bab-ech-Charqi. La petite nécropole royale occupait la place du monticule de décombres que les Arabes appellent Kom-ed-Démas', c'est-à-dire butte des sépultures, des

---

(1) A partir de l'endroit où débouche cette rue, la mer baignait toute la partie de la ville actuelle comprise entre ce point (c'est-à-dire l'angle sud-ouest du Cæsareum) et le monticule de Kom-en'-Nadour; sa ligne de quai traversait à peu près le jardin de l'église Copte, le passage Adib, la Bourse Khédiviale, la place de l'église Ste-Cathérine, et la rue des " Saqieh ".

caveaux, et sur lequel s'élève le fort de Kom-ed-Dik construit sous Bonaparte par le commandant Crétin. Cette colline n'est qu'un amas de chambres funéraires de tous les âges, superposées selon les époques. Dans les couches inférieures, on trouve plusieurs fragments de statues païennes, des morceaux de porphyre et de granit en forme de coffre, des colonnes brisées, éparses, et quelques piédestaux encore en place : ce sont des hypogées païens du temps des Ptolémées et des empereurs romains. En creusant les fondations d'une maison de la rue Bab-ech-Charqi, on a découvert, sur la déclivité du monticule, le torse magnifique d'une statue colossale d'Hercule en marbre blanc d'un travail admirable ; le bras droit étendu en avant est brisé, la main devait sans doute tenir les pommes d'or des Hespérides ; l'autre est appuyé sur la massue qui lui sert d'attribut (1). Au-dessus de

---

(1) Ce précieux spécimen de l'art antique avait été abandonné au coin de la rue Porte-Rosette, et d'une ruelle malpropre, comme pour prouver le peu de cas que les Alexandrins d'aujourd'hui font des souvenirs du passé. La maison à laquelle la statue servait de borne d'angle ayant été reconstruite, un épicier du voisinage s'est emparé du colosse pour en faire son enseigne. Afin de donner plus de relief à la peau du lion reposant sur les genoux, et aux muscles du corps, un Phidias moderne en avait accusé les détails au charbon, et probablement le ciseau aurait accompli son œuvre de profanation, si le gouverneur n'eût fait transporter le demi-dieu dans l'ancien local des Écoles gratuites, où il serait à désirer que toutes les antiquités que renferme encore le sol d'Alexandrie fussent réunies.

ces hypogées sont des sépultures chrétiennes de l'époque byzantine, et enfin des tombes musulmanes remontant aux premiers siècles de la domination arabe.

Jusqu'à César, la nécropole de Sôma fut réservée aux rois ou aux princes de la famille régnante; sous les préfets romains, alors que les anciennes divinités grecques étaient encore en honneur, il est probable qu'elle servit aux sépultures des grands d'Alexandrie; mais en 389, après le fameux édit de Théodose qui établit la religion chrétienne comme officielle et unique en Egypte, les persécutions commencèrent contre les sectateurs de l'ancien culte, et tous les monuments rappelant le paganisme furent saccagés. Le Sôma abandonné pendant quelque temps, le groupe des monuments funéraires fut renversé pour faire place aux sépultures chrétiennes. Pareille raison amena le même bouleversement des tombeaux chrétiens à l'époque musulmane, et de plus ils furent violés par les chercheurs de trésors qui les dépouillèrent de leurs ornements.

Vers la fin de l'époque byzantine, le Sôma avait perdu, paraît-il, le privilège de ne renfermer que de riches sépultures, car dans le peu de recherches qui ont été faites dans le monticule de Kom-ed-Démas', on a trouvé parmi les décombres, et mêlés aux chambres mortuaires solidement construites en briques et ciment, des cercueils en terre cuite composés de deux parties d'égales dimensions, clos par un couvercle plat de même nature, avec d'autres formés simplement de plusieurs dalles en calcaire disposées en angle dièdre, sous lesquelles était couché le défunt; la plupart de ces cercueils contenaient encore des squelettes entiers : leur apparence misérable les avait mis à l'abri de la cupidité sacrilège des pillards.

Le monticule de Kom-ed-Démas' n'avait certainement pas à l'époque grecque la hauteur qu'il a aujourd'hui : c'était une sorte de mamelon pris sur le versant du « Paneum » (la colline de Kom-ed-Dik), comme celui du Gymnase qui existait du côté opposé. Le tombeau d'Alexandre en occupait naturellement le sommet; c'est là que Strabon et Suétone le virent, entouré des mausolées des monarques grecs. Le premier de ces auteurs parle ainsi du Sôma : « C'est une enceinte qui renferme les « tombeaux des rois et celui d'Alexandre-le-Grand. « Ptolémée fils de Lagos enleva le corps de ce « prince à Perdiccas qui le rapportait de Babylone. « Il le transporta à Alexandrie et lui donna la sé- « pulture à l'endroit où il est encore maintenant, « mais non pas dans le même cercueil; celui qui « existe à présent est en verre et a remplacé le « cercueil d'or dans lequel le premier des Pto- « lémées avait déposé le corps du conquérant, et « qui fut enlevé par Ptolémée IX. » C'est peut-être à cause de ce dernier détail que le tombeau de l'illustre Macédonien a échappé au bouleversement de la petite nécropole : nul n'ignorait qu'il avait été dépouillé environ un siècle avant J. C., et que de toutes les richesses qu'il renfermait, il ne restait plus qu'une simple enveloppe de verre. Strabon vit le corps du héros, une soixantaine d'années après ce changement; Suétone, qui écrivait au commencement du IIme siècle, le vit également; enfin Tatius au début du Ve siècle, parle aussi du Sôma.

Le fanatisme de cette époque, attisé par les décrets des conciles, les encycliques, a été la cause des plus regrettables excès, mais tout porte à croire qu'à l'époque où les chrétiens s'approprièrent la nécropole royale, la tombe du grand roi fut épargnée; le sentiment de respect, de crainte superstitieuse peut-être, qui entourait la mémoire du célèbre fondateur de la ville, l'a préservée du vandalisme qui résultait des dissensions religieuses. Ce qui est certain, c'est qu'au VIIe siècle, à l'arrivée des musulmans, l'endroit même où reposait le corps d'Alexandre était connu. La tradition en transmit le souvenir, et les Arabes des premiers siècles de l'hégire, ignorants, illettrés, apprirent ainsi que ce tombeau vénéré de tous, contenait les restes d'un grand homme que l'on savait être mort à Babylone et transporté en Egypte; or la religion de l'Islam, qui reconnaît l'Ancien-Testament, leur avait enseigné que le prophète Daniel était mort à Babylone; ce rapport de circonstances suffit pour les éclairer, et dans leur esprit naturellement enclin à une sorte de crainte inquiète qui les portait à admettre tout ce qu'ils ne comprenaient pas touchant leur doctrine, ils crurent de bonne foi que le mausolée, objet de tant d'égards et de considération, renfermait le corps de Daniel, sans savoir que ce prophète précédait Alexandre de plus de trois siècles. La tradition se continua ainsi en assimilant le vainqueur d'Arbelles au jeune captif israélite.

Le monticule du Sôma, remué, fouillé par les pillards qui violaient les sépultures de toutes le nécropoles, avait été délaissé; mais grâce à la piété musulmane, le souvenir du prophète Daniel s'était toujours conservé; «son tombeau» donnait lieu à quelques pèlerinages, et sa réputation, soutenue par la foi, s'était établie de plus en plus. Une petite chapelle fut construite sur la tombe du saint, et de même qu'aux époques grecque et romaine les rois et les grands avaient tenu en honneur d'être ensevelis autour d'Alexandre, les fervents musulmans, des cheikhs, choisirent leur dernière demeure près du corps vénéré de Daniel.

Malgré l'état de décadence dans lequel la ville était tombée pendant de longs siècles, la tradition s'est perpétuée, et la croyance s'est enracinée si profondément, qu'aujourd'hui même, la présence de restes du prophète hébreu sous la coupole de la petite mosquée qui porte son nom, ne saurait être mise en doute par les Arabes, du moins par ceux qui ne possèdent aucune connaissance en histoire. Voici, en abrégé, une des légendes les plus curieuses sur la mémoire de Daniel, selon Abou

Machar et Kassir-el-Fergâni, que nous avons déjà racontée autre part : (1)

« Un jeune israélite nommé Daniel ayant été chassé du Beled-ech-Châm (Syrie) par les idolâtres qu'il voulait convertir à la religion de Moïse, la seule véritable à cette époque, aperçut en songe un vieillard qui lui ordonna de prêcher la guerre sainte contre les infidèles, lui promettant la victoire sur tous ses ennemis, depuis le mont Qâf (le Caucase) jusqu'au Beled-es-Sin' (la Chine). Daniel qui était courageux, et plein de confiance dans le mystérieux vieillard, se fit bientôt de nombreux partisans, surtout en Egypte où il s'était réfugié. Avant de partir pour le Beled-ech-Châm', il bâtit Alexandrie et remplit la ville d'armes et de provisions de toutes sortes pour être en mesure de faire une longue campagne. Lorsque tous ses préparatifs furent terminés, il fit un grand sacrifice au Seigneur Tout-Puissant, et partit à la tête de cent mille hommes et de mille vaisseaux pour combattre les idolâtres. Son expédition fut heureuse; il rentra en conquérant dans toutes les provinces habitées par les infidèles, et les ennemis du Dieu Tout-Puissant furent massacrés ou vendus comme esclaves. Daniel revint ensuite à Alexandrie où il mourut dans un âge très avancé. Ses amis placèrent son corps dans un cercueil d'or et de pierres précieuses, mais des juifs le volèrent pour en faire des pièces

---

(1) *Alexandrie et la Basse-Egypte.*

de monnaie et le remplacèrent par le cercueil de pierre qui existe aujourd'hui ici. »

A part quelques détails de circonstance, de forme, les traits principaux de cette légende se rapportent d'une manière frappante à l'histoire d'Alexandre. Nous savons quel crédit on doit attacher aux récits plus ou moins fantaisistes des Arabes; aussi cette légende n'est-elle pas par elle-même une preuve suffisante, mais elle se concilie fort bien avec ce que Strabon dit du Sôma.

On a cherché la sépulture d'Alexandre près d'une petite chapelle funéraire contenant les restes d'un saint musulman, et qui se trouve en face de l'hôpital qui fait partie du couvent latin de Ste-Catherine. Quelques-uns ont cru la découvrir dans la nécropole de l'Est, aux alentours de Sidi-Gaber, ou dans les terrains de l' « Ibrahimieh »; d'autres l'ont cherchée sur les monticules du rivage dans le quartier de l'Hippodrome, et sur la colline de Kom-ed-Dik à la place de la mosquée Sidi-Qouchtoum. Rien ne justifie ces recherches qui ne reposent sur aucun indice, et qui n'ont donné du reste, que des résultats parfaitement négatifs.

Le tombeau que l'on montre aujourd'hui comme étant celui du prophète Daniel (Nebi Daniâl), est sous le sol de la mosquée à laquelle est contigu le tombeau du regretté vice-roi Saïd-Pacha; on y descend par un escalier de dix-huit marches. La crypte est éclairée par une ouverture ménagée dans le plafond, au-dessous de la coupole; au milieu, une autre ouverture octogone permet d'apercevoir le cénotaphe placé sur le caveau funéraire. La place du tombeau sous la mosquée qui est elle-même adossée au flanc de la colline, correspond parfaitement au niveau du Sôma à l'époque grecque; c'était alors l'endroit le plus élevé du monticule, et la preuve est que tous les restes de sépultures de ce temps là, ont été trouvés en contrebas de ce point.

La présence du tombeau d'Alexandre-le-Grand à la place de celui qui est attribué au prophète Daniel, nous parait en quelque sorte démontrée par l'histoire et la tradition. Ce nom de «Démas'» donné par les Arabes et qui entraine avec lui la même idée que le mot Sôma, les écrits des auteurs anciens, enfin cette légende dans laquelle le conquérant macédonien et le prophète biblique sont confondus, révèlent les premiers indices appelés à faire la lumière sur cette question. Pour arriver à se prononcer d'une manière définitive, les travaux sont faciles à exécuter : il n'y a plus qu'à déblayer l'endroit indiqué, pour mettre au jour les hypogées anciens, parmi lesquels on retrouvera sans doute celui d'Alexandre. Quelques particularités, comme par exemple sa position au milieu des autres caveaux funéraires, sa distribution intérieure, une inscription, un signe, et peut-être même des restes du cercueil de verre de Ptolémée IX, ne laisseraient aucun doute sur l'authenticité du monument. Le moyen que nous désirions mettre à exécution pour avoir la solution du problème, était de creuser un puits dans le sol même du caveau de la mosquée, et de pratiquer, si cela avait été nécessaire, d'étroites galeries dans les parois comme dans un puits de mine, ou alors d'employer le procédé contraire, c'est-à-dire de creuser, de l'extérieur, plusieurs couloirs convergents; mais il est presque impossible de fouiller sous la mosquée et dans le petit cimetière arabe qui touche à la coupole, à cause du caractère religieux de l'édifice et du scrupuleux respect que les musulmans professent pour leurs morts.

TOUR D'AHMED
DITE DES ROMAINS.

La tour qui s'élève sur le bord de la mer près de la gare de Ramleh, et qui chancelle sur sa base rongée par les flots qui minent la côte, ne remonte pas, comme on l'admet généralement, à l'époque romaine ou byzantine : elle ne date même pas de l'arrivée des Arabes en Egypte . . . En 640, les remparts qui tinrent en échec l'armée musulmane, et qui furent forcés par Amr' après quatorze mois de siège, étaient encore les restes de l'ancienne enceinte de Dinocratès, en partie relevée peu après Jules César, et sous les empereurs Valentinien et Valens, selon les récits d'Ammien Marcellin, c'est-à-dire vers 380.

Malgré les vicissitudes qui caractérisent l'époque romaine à Alexandrie, il est à remarquer que les "Præfectus Ægypti", depuis Cornélius Gallus, eurent souci de maintenir la ville en état de défense. Les anciennes murailles, souvent forcées, surtout au IIIe siècle, furent toujours restaurées selon les circonstances, mais sans jamais dévier du plan primitif; elles furent ainsi conservées par les patrices qui gouvernaient Alexandrie sous les empereurs byzantins, jusqu'à l'invasion musulmane sous le règne d'Héraclius. A cette époque, c'est-à-dire au VIIme siècle, l'enceinte grecque existait encore. Ce fait souvent contesté et toujours resté obscur, a ici son importance; les remarques suivantes lèvent toute espèce de doute sur cette question.

A la fin du cinquième siècle, Etienne de Byzance, en rapportant les dimensions d'Alexandrie dit positivement : « la longueur de la ville est de « trente quatre stades romains » (un peu plus de cinq kilomètres). Cette mesure est assurément exacte, puisqu'elle correspond à celles précédemment données par Diodore, Philon, Strabon, Flavius Josèphe et Quinte-Curce. Or, en longeant la route actuelle de Ramleh, nous avons reconnu à la hauteur du village d'el-Hadra, à 1800 mètres environ du Bab-ech'Charqi, quelques restes des anciennes murailles grecques ; ce sont des massifs en maçonnerie composée de moellons empâtés dans une épaisse couche de mortier mélangé de briques pilées, ayant cinq mètres de largeur. Ces vestiges de l'enceinte de Dinocratès se dirigent, en cet endroit, du S.-E. au N.-O.

Nous savons d'autre part que parmi les monuments élevés sur la " Voie Canopique " se trouvaient la basilique de Saint-Athanase et l'église Saint-Marc ; or une partie de l'ancienne voie Canopique se retrouve aujourd'hui dans toute l'étendue de la rue Bab-ech'Charqi, ou de la porte de l'Est (Porte-

Rosette). La basilique de St-Athanase, mutilée par le percement des rues voisines, est devenue la *mosquée Attarin*; l'église St.-Marc, ou basilique des Septante, se trouve sur le port; ses ruines sont celles de la *mosquée des Mille-Colonnes*. Ce dernier monument et les vestiges de murailles que l'on voit encore parmi les amas de décombres près d'el-Hadra, formaient les deux extrémités de la voie Canopique, la plus belle, la plus longue des rues d'Alexandrie, et l'intervalle qui sépare aujourd'hui ces deux points, concorde avec la distance donnée par les auteurs anciens.

D'après ce qui précède, et d'autres recherches qu'il n'entre pas dans notre cadre de développer ici, nous arrivons à conclure:

Qu'un siècle et demi environ avant l'arrivée des Arabes en Egypte, les anciens murs d'Alexandrie existaient encore;

Que ces murs, qui avaient la consistance du ciment par la composition de leurs matières, ne pouvaient tomber en ruine depuis l'époque où en parle Etienne de Byzance, jusqu'à l'arrivée d'Amr', et que dans aucun ouvrage il n'est question d'un démantèlement de la ville avant le Xe siècle;

Que les remparts forcés par le général musulman sont bien ceux qui remontent à la fondation d'Alexandrie, limitant la ville au nord-est, à l'endroit où nous en avons retrouvé les débris.

On connait l'immense transformation qui s'opéra en Egypte lors de l'invasion des légions du khalife Omar. L'installation des Arabes à Alexandrie amena la dépopulation de la ville : l'oppression des nouveaux conquérants eut pour résultat l'éloignement de presque tous les Grecs et les Coptes que les schismes, les hérésies, les persécutions impériales avaient déjà réduits au plus profond découragement. Les Grecs émigrèrent peu à peu vers l'Archipel ; les Coptes se dispersèrent dans les villages du Delta ou se retirèrent dans la Haute-Egypte. Cette dépopulation, et surtout l'esprit d'inertie des Arabes, firent qu'Alexandrie périclita rapidement. Des monuments grecs et romains, il n'en exista bientôt plus ; déjà vers la fin du IV° siècle, le patriarche Théophile avait fait abattre la plus grande partie des temples grecs : l'esprit de fanatisme qui guidait les musulmans d'alors, s'attaqua à ce qui restait des anciens édifices religieux : les temples élevés d'abord aux divinités du paganisme, consacrés ensuite au culte du Christ, subirent une troisième transformation, et c'est ainsi que l'église Saint-Marc prit le nom de mosquée des Mille-Colonnes, et que la basilique de Saint-Athanase devint la mosquée Attarin'.

Deux siècles après la conquête arabe les quartiers les plus éloignés de la mer, peu à peu délaissés et presque déserts, n'offraient plus qu'un vaste champ de ruines qui grandissait d'année en année. Alexandrie, fondée par un peuple actif dont les relations maritimes entretenaient la force, pouvait-elle se maintenir sous le régime des nouveaux venus, simples de mœurs et de manières, apathiques de caractère, et réfractaires à toute idée de rapport avec l'étranger? Le fanatisme des premiers siècles chrétiens avait terni la gloire de la ville des Ptolémées : la même raison devait, aux premiers jours de l'hégire, l'éclipser pendant douze siècles!...

En 881, l'an 267 de l'ère musulmane, un incident vint remettre en mémoire le nom d'Alexandrie. Plus des trois quarts des maisons étaient alors vides ou écroulées; dans l'intérieur de la ville, les hypogées des martyrs, ouverts par Arcadius, servaient de repaires aux bêtes fauves; des décombres de toutes sortes se mêlaient au granit des temples renversés, aux troncs desséchés des grands arbres, tordant leurs racines autour des citernes taries sur le sol crevassé, jadis couvert de bosquets fleuris. Sept ou huit générations d'Arabes avaient passé, assistant à l'agonie lente de la cité antique, jadis si pleine de vie, devenue subitement caduque et qui s'en allait par débris....; sa déchéance rapide s'était effectuée en raison inverse de son excès de vitalité; son foyer d'intelligence qui avait brillé d'un si vif éclat sur le monde, restait enseveli sous ses propres cendres.

La population nouvelle indolente, faible, soumise, ignorante, cheminait curieusement à travers les immenses rues désertes dont les dalles, couvertes de poussière, marquaient la trace au milieu des ruines échelonnées sur ses bords, sans comprendre que chaque édifice tombé était une page glorieuse ou funeste arrachée à l'histoire de la métropole grecque, quand un jour le sol retentit sous des pas de chevaux : des escadrons sarrazins, armés en guerre, s'avançaient par la voie Canopique, et venaient camper sur la grande place du Gymnase (près de la porte actuelle de Rosette); c'était la cavalerie d'Ahmed-ebn-Touloun gouverneur de l'Égypte et lieutenant du khalife Motamed-ebn-Moutaouakkel, qui venait tenir garnison à Alexandrie menacée par les tribus de la Tripolitaine, où le prince Abbas son fils s'était réfugié, alors qu'il était en révolte ouverte contre lui. Cela se passait l'année de l'hégire 267, c'est-à-dire en 881 de J.-C.

Pour prévenir les incursions des Tripolitains, Ahmed fit d'Alexandrie une place de guerre; mais son territoire fut réduit de plus des deux tiers; c'était comme une nouvelle ville comprise dans l'ancienne; son axe était l'ancienne voie Canopique respectée, mais limitée à la grande place du Gymnase. De ce point, les nouveaux remparts suivirent d'abord exactement le tracé des deux grandes rues parallèles à cette voie, puis embrassèrent un champ plus vaste après avoir dépassé la colline du Paneum (Kom-ed-Dik) et les hypogées de l'ancien « Sôma » des Grecs, aujourd'hui Kom-ed-Démas, qui désignait le tombeau d'Alexandre, ou du moins l'endroit où le corps du héros avait été déposé. Les ruines laissées en dehors de ce plan furent exploitées comme une vaste carrière pour la construction de l'enceinte arabe; des colonnes entières, des blocs de granit rectilignes figurèrent dans les nouveaux remparts pour leur donner plus de consistance, et se voient encore aujourd'hui formant parpaing et liaison dans la maçonnerie en partie composée de moellons provenant des grandes pierres brisées à dessein pour la facilité du transport et du travail; des fragments de ces murailles avec leurs créneaux primitifs, sont encore visibles du côté de la nouvelle douane. Elles furent plusieurs fois restaurées et, suivant l'époque, on reconnaît encore les différentes traces des réparations successives; les plus anciennes remontent au XIe siècle; elles ont été entreprises par Nasser-ed-Doulah révolté contre le khalife fatimite el-Mostanser-b'Illah; d'autres datent de la seconde moitié du XVe siècle, et sont du sultan Qaït-Bây. Les plus récentes ont été faites par Caffarelli Dufalga, commandant du génie sous Bonaparte, époque à laquelle M. St-Génis a vu encore quarante-huit tours demi-cylindriques en saillie sur le fossé; peu après, M. Galice-Bey renforça l'enceinte sur plusieurs points, établit des parapets, des glacis et y ajouta d'autres travaux de défense.

Quelques écrivains ont pensé que ces remparts étaient de l'époque byzantine; mais lors même que nous n'aurions pas le témoignage des auteurs arabes pour nous guider, il serait difficile d'admettre cette hypothèse, que rien de sérieux ne pourrait, du reste, justifier. Il est presque impossible de se tromper sur les constructions de l'époque byzantine, surtout postérieures au IVe siècle: parmi les minces assises de briques et de moellons taillés régulièrement qui composent presque exclusivement la maçonnerie, on trouve de loin en loin, à la surface des murailles et des tours carrées et polygonales qui en sont le caractère distinctif, une marque particulière en saillie, une croix surtout, une inscription sous une corniche de marbre ciselé, indiquant l'origine des travaux. Rien de semblable ne se rencontre, ni n'a laissé de trace dans l'enceinte actuelle d'Alexandrie; au contraire la main des Arabes s'y reconnait partout.

L'origine de ces remparts remonte donc à la fin du IXe siècle, suivant les auteurs musulmans ; c'est de la même époque que date la Tour dite *romaine*, encore debout aujourd'hui, mais qui ne tardera pas à s'écrouler ; elle est l'œuvre d'Ahmed-ebn-Touloun, ainsi que l'affirme el-Makin' dans ses écrits, et fut élevée avec des matériaux ayant appartenu au Cæsareum dont les derniers débris ne disparurent entièrement qu'au commencement du Xe siècle. Une autre tour, composée de blocs semblables transportés d'un port à l'autre, fut construite à la pointe opposée du rempart (c'est-à-dire près de Minet-el-Bassal), pour défendre le Bab-el-Gharb, appelé aussi Bab-el-Gabbari, dont le nom dérivé de *gabr'*, tombeau, rappelle sa position à l'entrée de l'ancienne Nécropolis grecque. Cette tour est mentionnée dans la prise d'Alexandrie par Bonaparte ; c'est à la porte qu'elle protégeait que Kléber fut blessé. Makrizy cite un auteur arabe du troisième siècle de l'hégire, qui parle de cette dernière tour; le passage suivant démontre clairement son origine: « J'avais laissé, dit-il, mes chameaux « derrière les maisons abandonnées qui sont près « de la mer, à cinq cents pas de la grande tour du « Bab-el-Gharb; quand j'entrai, je vis une foule « assemblée près de la porte et faisant grand bruit; « et comme je m'informais de ce tumulte, on me « fit remarquer une tête de vieillard suspendue à « la porte; les gens me dirent que c'était la tête « de l'architecte même qui avait bâti la tour, et « que l'on avait placée là par dérision à cause de « ses méfaits.... » Ce passage, que M Spitta bey nous a fait remarquer, il y a cinq ou six ans pendant nos recherches à la Bibliothèque Khédiviale du Caire, démontre suffisamment que l'enceinte arabe venait d'être terminée au IIIe siècle de l'hégire, c'est-à-dire au IXe siècle de J.-C. puisqu'on y parle de l'architecte décapité au pied de son propre ouvrage; or, Ahmed-ebn-Touloun est mort en 270 de l'hégire, correspondant à l'an 884 de J.-C.; ce rapport de circonstances, joint à l'attestation d'el-Makin', ne laisse aucun doute sur l'origine des remparts actuels d'Alexandrie; du reste Ahmed-ebn-Touloun est le seul prince de cette époque que les écrivains arabes citent pour avoir élevé « des citadelles dans la plupart des villes soumises à son gouvernement ». En Syrie, Sour (l'ancienne Tyr) et Jaffa lui durent aussi d'importants travaux de fortifications.

Bien que très réduite au temps des khalifes Abbassides, et malgré les ruines qui envahissaient ses plus beaux quartiers, Alexandrie conserva longtemps son aspect primitif. Suivant Abou-l'Féda, elle offrait encore, au XIIIe siècle, ses rues alignées en échiquier, type de sa distribution primitive; mais dans la partie extérieure de la nouvelle enceinte, les maisons étaient rasées. La ville arabe ne se maintint pas longtemps; la conquête ottomane précipita sa complète décadence.

Vers 1470, le sultan Mélek-el-Achraf Qaït-Bây construisit les bâtiments qui sont contigus à la tour d'Ahmed, et en fit une sorte de caserne pour ses mamelouks. A la même époque, il démolissait ce qui restait encore du phare de Ptolémée II, pour bâtir sur ses ruines le fort actuel auquel il donna son nom. Qaït-Bây arma la place de quatre canons qui lui avaient été donnés par Caterino Zeno à son retour de Karamanie (lors des guerres d'Ouzoun-Hassan), selon le rapport du vénitien Josaphat Barbaro. D'autre part, dans le *Tarikh Misr Qadim ou Djedid*, publié par Souheïli à Constantinople en 1729, on lit: « Les premiers canons que l'on vit en Egypte furent fournis par les Vénitiens. Le sultan les employa pour défendre la citadelle imprenable qu'il venait de faire construire sur un rocher isolé dans la mer pour répondre à un *ancien fort plus petit placé à l'angle des murailles de la ville où l'on voit les obélisques*, et qui *auparavant* était le seul point d'où l'on pût avec avantage battre le port en cas d'attaque ». En comparant les deux passages de Barbaro et de Souheïli, confirmés par Djelâl-Zâdé Saleh, il est démontré une fois de plus que le fort qui a remplacé l'ancien Phare est l'œuvre du sultan mamelouk Qaït-Bây, dont le règne a duré de 1467 à 1496, et que la Tour dite des Romains existait bien avant cette époque, puisque déjà, au temps de Qaït-Bây, cette tour est qualifiée d'*ancienne*; et on en parle comme ayant été *auparavant* le point le plus important pour la défense du port. En désignant cette redoute, Souheïli emploie le mot « bordj » qui signifie une tour ou un fort; les deux acceptions peuvent également s'appliquer à cet endroit.

La Tour avec ses dépendances formaient une espèce de bastion d'angle, en partie battu par les vagues, et construit de manière à présenter aux attaques le plus de résistance possible, et à pouvoir se maintenir isolé si les extrémités des remparts qui lui étaient contiguës, venaient à s'écrouler sous les efforts du bélier ou du canon. Bien qu'aucun auteur ne donne ces détails, il est facile de s'en convaincre aujourd'hui par l'examen des murailles, leur disposition et le caractère particulier que présente leur construction.

Vue de la côte, la Tour paraît lourde et massive de formes; mais si on l'examine étant placé sur les blocs du petit môle qui protège sa base contre la violence des coups de mer, on remarque dans la fermeté des proportions certaines connaissances de stéréotomie. Elle est composée de magnifiques blocs d'une sorte de pierre grenue et très dure, quoique se désagrégeant facilement, ayant l'apparence et le pailleté du sel; c'est une espèce de granit mummulite dans lequel on découvre la présence du feldspath, du quartz, du mica, et de petits coquillages fossiles perdus dans la pâte. Ces blocs, d'une hauteur moyenne de 0^{m}80 et dont quelques-uns ont jusqu'à 1 m. 90 de large, sont disposés régulièrement sur dix-neuf rangées à partir du niveau de la mer qui baigne les premières assises, jusqu'à la partie inférieure du parapet qui en est le couronnement, et atteignent à ce point une hauteur d'environ 15 mètres. Le diamètre de la plate-forme est de 14^{m}10.

L'intérieur est divisé en trois salles superposées, séparées par des planchers à solives soutenus au centre par un pilier circulaire d'un diamètre moyen de 1^{m}13. Les planchers et le pilier, composé de moellons très tendres séparés par quelques assises de briques et de bois, sont du temps de Mohammed-Ali; le grand Pacha fit exécuter ces travaux en même temps que les deux autres tours qui font partie des fortifications de la côte sur le rivage de l'ancien port.

La salle du milieu, où l'on pénètre en descendant les quatre degrés d'un escalier à peine reconnaissable, est percée de huit grandes baies cintrées, au fond desquelles son pratiquées, au niveau du sol pavé, des meurtrières dont l'ouverture varie entre 1 m. et 1^m 30 de haut, sur 0^m 30 de large ; trois de ces meurtrières sont aujourd'hui fermées par une grossière maçonnerie ; l'épaisseur des murs en cet endroit est de 2^m 85.

Un couloir vertical aux parois lisses, creusé de dix trous servant d'échelons, donne accès à la salle basse, sorte de casemate obscure jonchée de débris. L'orifice de ce passage qui se présente sous la forme d'un puits, est au ras du sol, entre la porte d'entrée et celle qui conduit à l'étage supérieur. Cette dernière porte s'ouvre d'abord sur une chambre rectangulaire qui s'étend à droite, espèce de vestibule obscur que l'on traverse avant de franchir le seuil d'un escalier qui se développe sur un plan quadrangulaire rectiligne. La cage de cet escalier mérite d'être examinée ; elle est entièrement composée de granit recouvert d'un enduit très dur, suivant un usage particulier aux Arabes de cette époque.

A 2^m 10 au-dessus du premier palier, aux encoignures de droite et de gauche, on distingue dans l'enduit une petite dépression circulaire d'environ 0^m 12 de diamètre, d'où saillit distinctement le monogramme d'Allah ; c'est comme l'empreinte d'un cachet en relief sur une matière molle. Il est curieux d'observer qu'une empreinte du même genre se retrouve au Caire dans la mosquée d'Ahmed-ebn-Touloun en plusieurs endroits, et surtout sous la porte d'entrée et dans le minaret de ce monument où le stuc est le mieux conservé. La similitude de ces deux signes pourrait amener à supposer que le même architecte a procédé à l'exécution de ces différents travaux; mais bien que cette particularité ne soit pas une preuve suffisante en elle-même, il n'en reste pas moins démontré par d'autres documents que la Tour dont nous parlons et la mosquée d'Ahmed au Caire sont contemporaines.

L'escalier qui conduit à la salle supérieure est très dégradé; dans certains endroits, les marches manquent complètement. Il était tout entier en granit; seuls, les quatre degrés du haut, encore en place et pris dans l'épaisseur du mur, sont en calcaire. C'est par ce chemin, difficilement praticable aujourd'hui, que l'on parvient à la dernière salle de la Tour.

Cette partie du monument répond exactement aux deux autres, mais est plus basse de plafond. A 0^m 85 du pavage irrégulier qui recouvre le plancher, la muraille circulaire est percée de six ouvertures carrées ayant également 0^m 85 de côté sur la paroi intérieure, mais qui se rétrécissent, tout en conservant la même hauteur, à mesure qu'elles s'enfoncent dans l'épaisseur du mur, de manière à former à l'extérieur, c'est-à-dire du côté de la mer, des meurtrières étroites. La plate-forme repose entièrement sur les solives du plafond et sur le pilier central; elle se rattache à la terrasse des remparts, qu'elle domine d'environ un mètre et demi. A l'époque de la construction de la Tour, il est probable qu'elle correspondait avec l'intérieur par l'escalier dont nous venons de parler, et qui a été fermé depuis par la voûte en briques qui intercepte aujourd'hui la communication directe.

Cette plate-forme est défendue par un haut parapet de 1^m 30 d'épaisseur, entaillé de six embrasures qui ont remplacé les meurtrières primitives dont une existe encore; elles servaient à disposer des canons en batteries qui croisaient leurs feux avec ceux du fort de l'ancien Phare. Il n'est guère probable que ces modifications soient l'ouvrage de Qaït-Bây; elles paraissent, plus vraisemblablement, se rattacher à l'époque du sultan ottoman Selim Ier qui s'empara de l'Egypte en 1517 et qui, le premier, y fit usage de l'artillerie de campagne contre le malheureux Melek-el-Achraf Toumân-Bây.

On sait qu'avant de retourner à Constantinople, Selim avait organisé un système particulier de gouvernement en Egypte, et laissé une garnison à Alexandrie; or, depuis le siège de Constantinople, c'est-à-dire depuis soixante-quatre ans, les Turcs faisaient usage de l'artillerie; il est donc naturel de supposer que la nouvelle garnison dut établir sur les points principaux de la ville qu'elle avait mission de protéger, les batteries nécessaires à sa défense.

Du côté du fossé, c'est-à-dire à l'est, la muraille qui se rattache à la Tour s'en éloigne perpendiculairement au rivage. Sur une longueur d'environ 10 mètres et demi, elle est uniquement composée de blocs pareils à ceux de la Tour, et qui suivent la même disposition régulière; quelques-uns de ces blocs présentent une surface de 1^m 90 sur 0^m 82. Par diverses particularités que l'on remarque dans la construction, il est facile de se rendre compte que cette muraille, qui n'a pas moins de $3^m 45$ d'épaisseur, faisait essentiellement partie du bastion à l'angle duquel s'élevait la Tour et qui, comme nous l'avons dit, était destinée à offrir plus de résistance à l'ennemi. Au millieu, on remarque l'encadrement d'une porte dont le seuil est indiqué par deux belles pièces de granit rose juxtaposées. On voit encore à 1^m 45 au-dessous du seuil, à la sixième assise à partir du niveau de la mer, la corniche destinée à servir de support à la charpente du pont jeté sur le fossé. Un examen attentif de cette partie du bastion, fait reconnaitre qu'un passage n'a jamais été ouvert en cet endroit, et que par conséquent le pont n'a pu exister. Lors de la construction de la Tour et des murs qui lui servaient pour ainsi dire de contreforts, une porte de 3^m 80 de largeur avait été ménagée sur la partie qui faisait suite aux remparts de la ville pour le cas où, pendant un siège, la garnison eût voulu faire une sortie de ce côté; ce passage qui n'avait aucune raison d'être en temps ordinaire, puisqu'une autre porte était percée dans le rempart quelques mètres plus haut, avait été muré au moment même de la construction du bastion; l'homogénéité des matériaux que l'on remarque dans tous les détails de la maçonnerie, ne laisse aucun doute sur ce point. Un détail à remarquer, c'est qu'à l'endroit même où s'ouvrait ce passage, sur les parois intérieures des murs, on trouve des blocs placés debout, visibles sur plus de deux mètres et demi de hauteur, et qui doivent naturellement reposer sur des soubassements qu'il serait intéressant de mettre au jour.

A la surface de la Tour qui touche aux murailles près de la porte murée, on remaque des traces de réparations exécutées à une époque évidemment très éloignée. Les blocs battus en brèche ont été brisés en plusieurs endroits, mais, par la nature même de leur composition, ils offraient une grande résistance aux coups, et leurs molécules faciles à se désagréger, amortissaient le choc des projectiles qui faisaient trou dans la matière sans ébranler la masse. Les vides ainsi faits ont été remplis avec de petites pierres reliées par un épais mortier. En regardant attentivement cette partie de la Tour, il n'est pas possible d'admettre que ces dégradations aient été faites par le canon; il faut donc remonter à un siège antérieur au XVe siècle. Or nous savons que les Vénitiens s'emparèrent d'Alexandrie en 1202, et qu'à l'époque où saint Louis traitait de son rachat avec l'émir Fakhr-ed-Din' (1250) le roi de Chypre saccagea la ville et en chassa les Vénitiens. Il est encore question d'une autre attaque par les Francs en 1367, mais elle paraît être de peu d'importance. D'après ce qui précède, on peut donc conjecturer que les brèches faites à la tour d'Ahmed, proviennent des projectiles lancés par des catapultes,

des balistes, des « manganik » (les «mangonnaux»
des historiens des Croisades) ou d'autres engins
de guerre du moyen-âge, dans la première moitié
du XIIIe siècle.

On remarque aussi à la partie supérieure de la
Tour, et de ce même côté, c'est-à-dire vers le sud-
est, une large dépression rectangulaire taillée à vif
dans l'avant-dernière assise; là, sur une table de
marbre blanc, existait une inscription arabe en
relief; elle a été martelée, mais dans un angle à
gauche, on distingue encore quelques caractères.
En examinant de quelle façon cette table était encastrée dans la muraille, on peut conclure qu'elle re-
montait à l'origine de la Tour elle-même. Aucun
ouvrage ne mentionne cette inscription, et c'est à
regretter, car il n'est pas douteux qu'elle devait
contenir quelque détail intéressant relatif à la construction du monument. M. Wilson, qui parle de la
Tour en 1801, dit que cette plaque commémorative fut brisée par les Turcs que le sultan Abd-el-
Hamid Ier envoya en Égypte en 1786 contre Ibra-
him bey et Mourad bey, et qui débarquèrent à
Alexandrie, le 25 Chaabân 1200 (23 Juin 1786),
sous la conduite du capitân-pacha Hassan. Pour
affirmer ce fait, M. Wilson, s'appuie sans doute sur
Abd-er-Rahman' Gabarti, qui attribue aux Turcs
de cette expédition la dégradation de plusieurs
monuments. «... Ils brisaient, dit-il, les inscriptions qui rappelaient le «bras de Dieu» sur le pays
de Masr... et, ajoute-t-il naïvement, on ne sait pas

pourquoi…». Ce passage obscur ne peut être une preuve suffisante: il n'est guère admissible que des Musulmans aient détruit une inscription arabe, et cela sans motif; on peut au contraire, avec plus de raison, imputer cet acte aux Vénitiens ou aux Francs de la 7me croisade.

Les bâtiments ajoutés postérieurement à la construction de cette redoute, sont disposés sur un plan rectangulaire dont la Tour occupe l'angle nord-ouest. Des chambres voûtées en ogive, qui ont servi en dernier lieu de logement à des familles de douaniers, s'étendent sur trois côtés d'une cour de 17 m. sur 24 m. 30; celles qui donnent sur la mer sont élevées sur des casemates dont l'entrée se trouvait au niveau du sol de la chambre la plus voisine de la Tour; elle est aujourd'hui obstruée par les immondices, mais en 1885, nous avons pu y pénétrer et visiter en détail cette partie de la forteresse dont le sol est au même niveau que celui de la salle basse de la Tour, c'est-à-dire très peu au-dessus de l'eau; nous y avons trouvé quelques débris d'armes anciennes rongées par la rouille, les morceaux d'un casque à bordure de cuivre, et les restes de quatorze lourdes poignées d'épées dont les lames avaient disparu.

Sur le côté de la cour, parallèle à celui qui borde la mer, un plan incliné pavé, de 2 m. 70 de largeur, conduit à la plate-forme du rempart défendue par un haut parapet relié à celui de la Tour, et percé de petites meurtrières très anciennes, avec deux embrasures pratiquées plus tard pour les pièces de canon. Ici apparaissent distinctement les traces de travaux d'une époque postérieure à celle de la Tour; dans plusieurs endroits, on reconnait que l'enduit primitif a été recouvert d'un stuc grisâtre; les deux couches, de nature différente, sont parfaitement visibles; il est même à remarquer que, dans les parties les plus dégradées, la couche adhérant aux pierres a mieux résisté au temps que celle qui lui est superposée.

Il est facile de se rendre compte que toutes les constructions qui accompagnent la Tour ne sont pas antérieures au XVe siècle, et les rapports que l'on constate entre cette redoute et le fort de Qaït-Bây, permettent d'affirmer que ces travaux sont contemporains; les faibles modifications qui ont été entreprises à diverses époques, principalement lors de la conquête turque et pendant l'occupation française, n'ont pas dénaturé l'aspect du monument.

Les réparations de Galice bey, sous Mohammed Ali, sont sans importance; c'est d'après ses ordres, parait-il cependant, que l'arceau ogival que l'on remarque au pied du plan incliné, fut muré; les colonnes en marbre blanc à veines grises qui le soutenaient, se voient encore noyées dans la muraille; la base, le fût et le chapiteau sont en parfaite harmonie, et nous ne croyons pas trop nous avancer en reconnaissant là des restes d'architecture romaine enlevés au Cæsareum.

A l'exception des blocs d'apparence granitique

de la Tour et des deux murailles qui l'enserrent, les matériaux employés dans la construction du bâtiment sont en pierres calcaires, d'un grain très friable, mais durci par le temps. Dans certains endroits, les parties molles sont effritées par l'action de l'air salin, d'autres ont fusé comme de la chaux vive, tandis que les mortiers sont restés intacts; des traces de corrosion en forme de vermiculures, due à l'action des divers sels muriatiques qui se forment ou se dégagent sur le sol d'Alexandrie, se voient sur les enduits qui recouvrent les murailles, principalement au nord et à l'ouest.

Aucun ordre d'architecture n'a présidé à la construction des bâtiments qui accompagnent la tour d'Ahmed, le plein cintre et l'ogive s'y mêlent confusément; dans les murs on remarque par places des morceaux de granit rose, de diorite, de marbres divers mélangés à la brique, au calcaire et aux longues traverses en bois qui n'ont pu arrêter les lézardes et les éboulements. Du côté du fossé, l'épaisse muraille qui accompagne la Tour se rattache aux remparts et forme avec ceux-ci, au sud-est, une ligne droite perpendiculaire au rivage. La partie limitée par la mer s'éloigne de la Tour dans la direction du sud-ouest en décrivant une ligne brisée à angles droits; sans cesse battue par les vagues, elle a fini par s'écrouler, mais les soubassements ont résisté, et permettent de reconstituer le plan primitif sur une longueur de plus de cinquante mètres. La côte forme en cet endroit un escarpement entaillé de crevasses profondes d'où saillissent des restes d'anciens murs faisant suite à ceux dont on voit encore les vestiges submergés. L'exhaussement du sol provient de l'amoncellement des décombres qui, depuis dix siècles, recouvrent la partie antérieure de l'antique Cæsareum dont les deux obélisques, qui décoraient l'entrée, se voyaient encore naguère.

Ces monolithes que le plus aveugle destin a poussés vers d'autres climats, n'ont laissé aucune trace sur la falaise aride où ils ont été arrachés. Ils comptaient déjà 1600 ans d'existence passés devant les pylônes du Grand-Temple de la « Ville du Soleil » lorsqu'ils parurent sur la côte africaine à l'entrée du temple de César. Les révoltes, les guerres civiles, les persécutions religieuses, et les accès de vandalismes qui suivaient ces désordres, avaient épargné les obélisques qui avaient vu disparaître les somptueuses résidences royales, les temples, les édifices publics...: Tous ces palais de granit et de marbre aux imposantes colonnades, qui semblaient être bâtis pour ne finir qu'avec le monde, étaient tombés meurtris sous les coups du bélier ou rongés par le feu.

Le temps passait, touchant vainement de son aile ces flèches de pierre sans parvenir à les émousser. Les sables des quartiers saccagés, fréquemment soulevés en tourbillons serrés que le vent dispersait en paillettes brillantes, nivelèrent peu à peu ce champ de dévastation desséché par le soleil, et ne tardèrent pas à ensevelir les débris confondus des édifices renversés, tandis que la mer achevait lentement l'œuvre de destruction en minant la côte et en couvrant de son voile d'azur leurs derniers vestiges. Les obélisques assistaient à tous ces bouleversements sans en ressentir la plus légère atteinte; restés fermes sur leurs bases devant le vide immense qui avait succédé à toutes ces merveilles disparues, ces uniques témoins de tant d'événements, traversaient hardiment les dix-neuf siècles qui les séparaient de notre époque, frappant l'esprit d'une impression profonde par leur forme sévère et la triple colonne de caractères mystérieux gravés sur chacune de leurs faces. Les Romains les avaient respectés; les Arabes n'en firent aucun cas, et la crainte superstitieuse que ceux-ci éprouvaient peut-être à la vue des hiéroglyphes, est cause qu'ils ont été abandonnés à leur propre sort; ils sont ainsi parvenus heureusement jusqu'à nous, après avoir gardé les ruines du Cæsareum comme de fidèles et vigilantes sentinelles, qui ne devaient être relevées que pour s'égarer sur des places étrangères.

Les obélisques ayant été enlevés, leur souvenir ne leur survivra guère; ils ont cependant servi de point de repère pour déterminer la position des autres monuments de l'antique Alexandrie, et donné leur nom arabe au quartier où ils se trouvaient: on parlera encore longtemps du « hart-el-mesalleh » alors qu'on ne comprendra plus la raison de cette appellation, et si la mémoire de ces aiguilles de granit s'est encore quelque peu conservée, l'endroit où elles étaient dressées sera à jamais perdu sous le pavé d'une rue ou au milieu d'une maison nouvelle.

Que de ruines intéressantes ont disparu il n'y a guère qu'une soixantaine d'années, sans qu'on y ait pris garde!... Quel cas a-t-on fait, par exemple, des magnifiques débris de l'ancienne basilique des Septante qui avaient été utilisés dans la construction de la mosquée des Mille-Colonnes? La regrettable transformation de ce temple en hôpital militaire puis en caserne sous Mohammed Ali, a donné lieu à des travaux maladroits qui font déplorer la perte des colonnes jetées dans la mer pour élargir le quai, et des nombreuses inscriptions gravées sur les murs qui, au XIIIe siècle, avaient été cachées sous un épais enduit, lorsque le sultan Melek-el-Kâmel démolit en partie l'ancienne église pour l'approprier au culte musulman. Et les restes de la basilique de St-Athanase, qui existaient près de la mosquée Attarin, que sont-ils devenus? Le grand sarcophage de brèche verte qu'on a trouvé, en cet endroit, long de plus de trois mètres et chargé sur toutes les faces d'inscriptions hiéroglyphiques, est actuellement au musée de Londres; les trois immenses colonnes en granit rouge, debout sur la rue Porte-Rosette, ont été renversées, le terrain nivelé pour servir à d'autres constructions, et la crypte, aux parois gravées d'inscriptions remontant au patriarcat d'Athanase, à l'époque des schismes des Donatistes et des Ariens, a été comblée!... Et l'intéressante chapelle funéraire découverte par le docteur Néroutsos dans le quartier du Serapeum en 1858 au milieu des catacombes chrétiennes, a-t-on pris soin de la conserver? Les excavations faites pour l'exploitation des pierres à bâtir, ont détruit tous les souterrains; la chapelle elle-même, d'abord respectée, et bientôt délaissée, a disparu aujourd'hui; c'était cependant un des plus beaux monuments de l'époque chrétienne, de pieux souvenirs y étaient attachés: lors des persécutions, les chrétiens s'y réunissaient pour célébrer secrètement les mystères de la religion, et y puiser de nouvelles forces pour affronter les dangers qui les menaçaient; cette chapelle méritait, au moins à ce titre, d'être conservée à la vénération des fidèles, et l'on a peine à concevoir que les communautés coptes, grecques ou catholiques, l'aient ainsi abandonnée à la plus complète dégradation. Les ruines de l'ancien Oppidum n'ont-elle pas été sacrifiées comme le reste, par suite de la coupable indifférence avec laquelle on traite les débris des temps antiques? La démolition des restes grandioses de cet unique spécimen de l'architecture militaire romaine en Egypte, dictée par un piètre motif d'économie, a été hardiment décidée; en 1871, les longues et épaisses murailles qui entouraient un plan rectangulaire de trente-cinq mille mètres carrés, ont été converties en matériaux de construction, et utilisées pour le palais sans caractère, sans style, sans valeur, même au point de vue de l'exécution, qui a remplacé le colossal édifice des césars. Les tours qui défendaient les quatre entrées de la forteresse, plusieurs salles encore bien conservées, de beaux marbres, d'admirables mosaïques qui recouvraient le sol, sur l'une desquelles était représenté Bacchus le thyrse à la main, des inscriptions murales dont l'une, en l'honneur de Marc-Aurèle, gravée la huitième année de son règne par les tribuns de la 2ᵉ légion, d'autres restes précieux, brisés dans le cimetière voisin ou aux environs du camp, ont disparu du même coup.....

Nous citons là quelques exemples; ils suffisent pour remettre en mémoire toutes les déprédations qui se sont commises en peu d'années au préjudice de l'histoire: pages arrachées au grand livre du passé, pertes irrémédiables pour la science.

Cependant beaucoup de monuments dont les vestiges sont ensevelis sous les décombres pourraient être encore reconnus!... En Egypte, terre si fertile en trésors historiques, tout s'écroule, périt, disparait sans qu'on en ait souci; chacun toutefois est prêt à déplorer la perte de tel ou tel morceau d'antiquité, personne ne s'inquiète de sa conservation. En Europe, certains pays sont fiers de montrer un morceau de roc celtique, quelque rare débris de construction romaine ou les ruines d'une forteresse du moyen-âge; d'autres, comme la péninsule Hellénique, l'Italie, l'Espagne, conservent les souvenirs fameux de trois époques célèbres qui ont influé sur les destinées de l'Egypte, où l'histoire de ces époques commence quand celle des Pharaons s'éteint. Les antiquités grecques, romaines, objet de vénération en Europe, restent ici enfouies sous le sol, et les monuments arabes des Fatimites, des Ayoubites, des Mamelouks, s'écroulent partiellement sous le poids des siècles. Mais ce que l'on regarde ailleurs comme des antiquités, n'est ici compté pour rien à côté des riches collections pharaoniques du musée de Boulaq, et voilà pourquoi les égyptologues n'ont attaché jusqu'à présent, qu'un médiocre intérêt aux ruines du temps des Ptolémées et des Empereurs; cependant des édifices comme, par exemple, le Museum, le Sôma, le Gymnase, le Théâtre, le Cæsareum, le Stade Olympique (que nous avons en partie déblayé en 1884), l'Hippodrome, le temple de Cérès et Proserpine à Eleusis (el-Hadra), celui de Hephæstos (le dieu Phtah) dont les débris existent dans la cour de l'Arsenal, etc., ont laissé des traces trop profondes dans l'histoire d'Alexandrie pour les laisser tomber en oubli, et leur emplacement devrait être indiqué par une pierre commémorative. Jusqu'à ce jour, le Cæsareum est à peu près le seul édifice dont la place soit parfaitement connue; il serait à désirer que le souvenir de ce temple de César et des obélisques placés à l'entrée, fût rappelé et transmis aux générations futures par une inscription conçue en ces termes:

*Ici s'élevaient les Obélisques
qui, en 1298 de l'hég. (1880 de J.-C.),
ont été transportés à Londres et à New-York.
Ces monolithes en granit rose,
de 21 mètres de hauteur,
tirés des carrières de Syène,
avaient été amenés à Héliopolis
où ils demeurèrent pendant près de 16 siècles,
à l'entrée du Grand-Temple de cette ville.
Les Pharaons*
THOUTMÈS III, RAMSÈS II, et SÉTI II,
*y inscrivirent successivement
leurs panégyriques.*

---

*Ces mêmes Obélisques
furent transportés à Alexandrie
et dressés à cette place,
environ 658 ans avant l'hégire (35 av. J.-C.),
à l'entrée du* **CÆSAREUM**
fondé par **CLÉOPÂTRE** *en l'honneur de Jules César,
et dont les derniers débris servirent
à la construction d'une forteresse
élevée sur les ruines mêmes de cet édifice;
par Ahmed ebn-Touloun*
*gouverneur de l'Egypte sous le khalifat de
Motamed ebn-el-Moutaovakkel,
(267 de l'hég.—881 de J.-C.).*

Cette pierre a été érigée pour perpétuer le souvenir de ces monuments, l'an de l'hég. 1306, et de J.-C. 1888.

MOHAMMED TEWFIK, Khédive d'Égypte.
RIAZ-PACHA, Prés.ᵗ du Conseil des Ministres.
OSMAN-PACHA ORPHI, Gouv.ʳ d'Alexandrie.

Il serait aussi à désirer que des épigraphes du même genre fussent placées sur les bâtiments qui rappellent un ancien édifice, ou qui ont été construits sur des ruines historiques. Les édiles modernes devraient réparer cet oubli, et veiller sur les antiquités que les travaux particuliers mettent au jour.

Ce ne sont pas seulement les statues plus ou moins mutilées, ou les morceaux d'architecture trouvés sous les décombres qui doivent le plus occuper l'attention, mais bien les stèles ou tout autres pierres gravées d'inscriptions grecques et latines, qui sont les monuments les plus précieux au point de vue de l'histoire; ces monuments existent déjà, en petite quantité il est vrai, et plus ou moins complets, à l'Institut du Caire, au Musée de Boulaq et dans les collections privées où l'on n'y attache souvent que fort peu d'importance : nul ne peut contester l'utilité qu'il y aurait à réunir tous ces débris.

Il arrive quelquefois qu'on trouve des inscriptions qui ont été gravées sur une portion de muraille et s'étendent sur plusieurs pierres ; ces textes ainsi divisés, et dont les fragments sont épars, ne peuvent guère se reconstituer entièrement. Un cas de ce genre s'est encore présenté récemment en creusant l'égout de l'hôpital militaire qui va aboutir à l'ancien Grand-Port, derrière la gare de Ramleh, en coupant les glacis du bastion à gauche du chemin de fer (tabia-el-Mencharieh); on a trouvé une pierre en basalte qui contient ces deux mots superposés, tracés en caractères du Ier siècle: ΦΙΜΗΝΙϹΟ — ΡΧΙΠΡΟΦΗΤΗϹ; le premier, qui n'a aucune signification, est sans doute un nom propre qu'il faudrait lire ΦΙΜΗΝΙϹΟϹ, ou peut être ainsi décomposé: ΕΦΗ ΜΗΝΙϹΟϹ (?), en remplaçant Ι par Η, lettres que les Grecs de cette époque prononçaient de la même manière, et employaient souvent l'une pour l'autre; le second mot est évidemment ΑΡΧΙΠΡΟΦΗΤΗϹ.

Bien que le sol ait été maintes fois remué, bouleversé, il offre encore un vaste champ d'étude. On n'ignore pas ce que des recherches suivies pourraient produire d'intéressant, surtout au point de vue de l'épigraphie grecque, et quels services la découverte de papyrus écrits dans cette langue, rendrait à la littérature ancienne.

Alexandrie, Nov. 1887 - Sept. 1888.

TABLE DES MATIÈRES

Le Phare	Page 1
Le Cæsareum	» 8
Temple de Neptune, Timoneum	» 14
Emplacement des Palais intérieurs	» 23
Camp de César	» 32
Cap Lochias et ses Palais	» 35
Nécropoles du Nord-Est	» 46
Museum et Bibliothèque	» 51
Tombeau d'Alexandre-le-Grand	» 63
Tour d'Ahmed dite des Romains	» 74

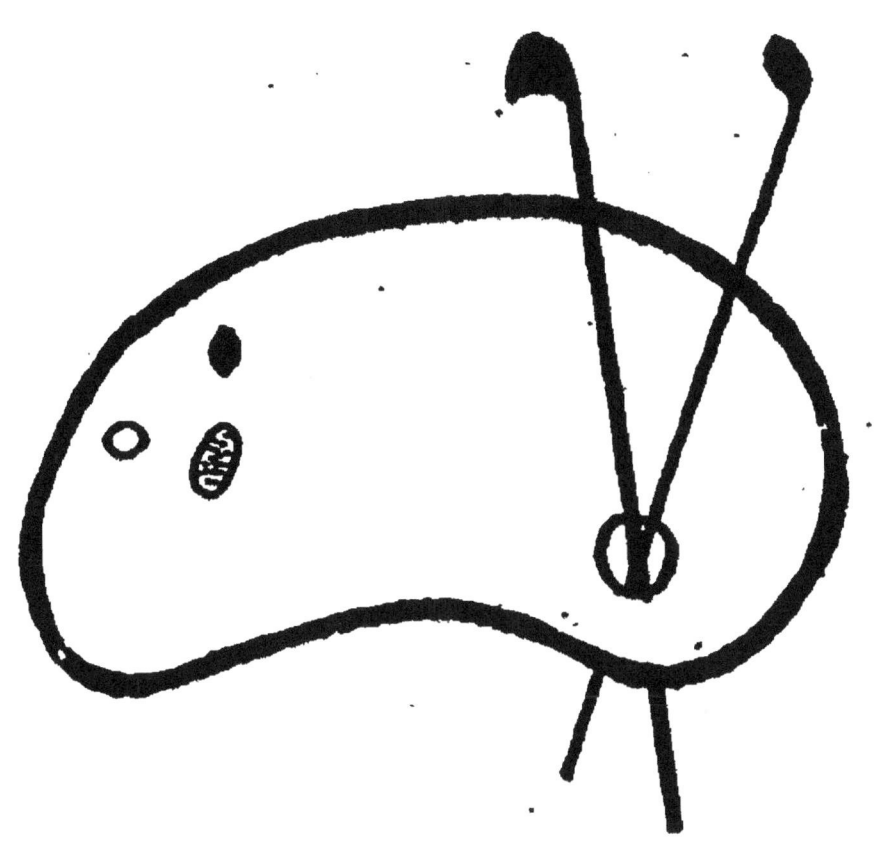

www.ingramcontent.com/pod-product-compliance
Lightning Source LLC
Chambersburg PA
CBHW071728090426
42738CB00011B/2412